학원 갈 시

개정판

스페인어
첫걸음
2

박 철 著
한국외국어대 교수

 (주)진명출판사

이 책을 읽는 독자에게

　스페인어를 공부하는 여러 독자들의 성원에 힘입어 독학 스페인어 첫걸음 2권을 일년 만에 출간하게 되어 여간 기쁘지 않다. 그동안 수많은 독자들로 부터 전해 들은 의견을 수렴하여 2권에서는 1권의 기본 틀을 지켜가되, 수준을 약간 높혀서 독해 실력을 기르는 데에 신경을 썼다. 특히 여러 국가 고시나 어학 시험에 대비할 수 있도록 강도 높은 수준의 스페인어 문장과 문법을 포함시켰음을 밝힌다.

　최근 국내의 대기업들이 다시금 중남미 대륙을 향해 시장을 확대시키고 있으며, 정부간에 문화적 교류도 활발해지고 있다. 중남미 진출을 위해서는 스페인어 습득을 필수적으로 해야 한다. 아시다시피 스페인어는 중남미 20여 개국의 국어일뿐만 아니라 미국의 전지역에서도 통용되는 중요한 언어이다. 특히 미국의 중서부 지역에서는 영어와 함께 스페인어가 공용어로 쓰이고 있다는 사실을 볼 때, 영어 보다 월등히 쉬운 스페인어를 배워 두면 미국 사회에서도 큰 이점을 갖게 된다.

　본 책은 누구라도 혼자 쉽게 공부할 수 있도록 신중한 기획과 검토를 통하여 다음과 같은 내용으로 엮었다.

1. 본문은 독해력을 향상시키기 위하여 다양한 내용으로 엮었다. 이 정도의 문장을 읽고 이해한다면 스페인어 실력은 본 궤도에 이르렀다고 자부해도 좋다.

2. 본문 번역과 새로운 단어를 각 과마다 두었고, 본문의 이해를 돕기 위하여 본문 연구란에서 중요한 어구를 설명하였다.

3. 문법 해설란에서는 본문 text에서 다룬 문법을 설명하였다.

4. 문장 연습과 필수 회화는 일상 생활에서 쓰이는 중요한 문장들이기 때문에 가능한 암기하여 주기 바란다.

5. 각 과마다 연습문제를 두어서 실력을 평가하도록 했으며, 부록으로 필수 단어집을 실었으니 유용하게 활용하기 바란다. 아울러, 종합test를 위하여 객관식 문제를 20문항씩 모두 60문항을 실었다. 이 책의 공부를 끝마친 후 각각의 test에서 70점 이상을 획득하면 스페인어 실력이 좋다고 본다.

6. 스페인어 노래를 4편 소개했으니, 시간이 날 때마다 재미있게 배우기 바란다.

올해는 스페인 신부 세스뻬데스가 1593년 최초의 서구인으로서 한국땅을 밟은 지 400주년이 되는 해이다. 16세기에 서구인으로서 최초로 한국의 존재를 유럽에 알렸고, 값진 기록을 스페인어로 썼다는 사실과, 그 주인공이 스페인 사람이라는 것은 흥미로운 사실이다. 지금까지 국내에 올바르게 알려지지 않았던 이 같은 사실을 널리 알리기 위하여 10과에서 세스뻬데스의 방한 이야기를 소재로 삼았다.

스페인어를 배운다는 것은 여러분의 인생에 새로운 비전을 던져줄 것이며, 또 다른 세계를 얻게 되는 귀중한 경험이 될 것이라고 믿는다. 자원이 부족하고 국토가 좁은 우리에게 21세기에 필요로 하는 대륙이 바로 중남미 대륙이 될 것이라고 감히 말하면서, 고등학교 외국어 교육부터 사회인들의 스페인어 교육에까지 본 책이 좋은 동반자가 되기를 바란다.

독학 스페인어 첫걸음 1권, 2권의 출판을 위해 애써주신 성초림, 이형진 조교와 진명 출판사의 안광용 사장님께 감사드린다.

1993. 5. 20

미네르바 동산에서
저자 朴 哲

차 례

독학
스페인어
첫걸음
2

LECCION

— 1 — Cuando yo era niño.

—¿Dónde vivía Ud. cuando era niño?

—Yo vivía en el campo con mi familia.

—¿Se acuerda mucho de su pueblo?

—Sí, me divertía mucho en el campo.

—Me gustaba vivir en el campo más que en la ciudad.

—¿Por qué?

—Porque me gustaba el aire fresco y me gustaba pasear por el río y por las montañas.

—¿Qué recuerdos más tiene Ud.?

—Todos los días jugaba al fútbol con mis amigos y de vez en cuando íbamos al río a nadar o a pescar. En realidad, tengo buenos recuerdos de mi infancia. Entonces, ¿dónde vivía Ud. cuando era pequeño?

—Yo vivía en la ciudad de Madrid. Pero visitaba los domingos la casa de mis abuelos, que estaba en el campo.

Además yo pasaba las vacaciones de verano en la playa.

—El vivir en una gran ciudad es terrible con tanto ruido y tanto tráfico.

—Tiene razón.

본문번역 ●

제1과　내가 어렸을 때에

당신은 어렸을 때 어디 사셨어요?

가족과 함께 시골에 살았지요.

당신의 마을에 대해서 많은 기억이 있으세요?

그럼요, 전 시골에서 즐겁게 지냈었죠.

도시에서 사는 것보다 시골에서 사는 것을 더 좋아했어요.

왜요?

왜냐하면 상쾌한 공기를 좋아했고, 강과 산으로 산책다니는 것을 좋아했으니까요.

어떤 추억들이 더 있으신가요?

매일 동무들과 축구를 하고 가끔 강에 수영을 하러 가거나 낚시를 하러 가곤 했었죠. 사실 전 어린시절의 좋은 추억들을 간직하고 있습니다. 그럼, 당신은 어린시절에 어디서 사셨나요?

전 마드리드시에서 살았어요. 그렇지만 매주 일요일 시골에 있는 조부님댁을 방문하곤 했어요. 그 밖에도 여름방학은 해변에서 보내곤 했죠.

소음과 교통이 혼잡한 대도시에서 산다는 것은 소름끼치는 일입니다.

당신 말이 옳습니다.

새로운 단어 ●─────────────────────

vivir 〈자동〉 살다, 지내다

cuando 〈접〉 …했을 때

niño (-ña) 〈명〉 어린아이

campo 〈남〉 시골, 들, 들판

familia 〈여〉 가족

acordarse 〈재귀〉 기억하다

divertirse 〈재귀〉 즐기다, 즐겁게 보내다

ciudad 〈여〉 도시

aire 〈남〉 공기

fresco (-ca) 〈형〉 시원한, 상쾌한

río 〈남〉 강

montaña 〈여〉 산

recuerdo 〈남〉 추억, 기념품

nadar 〈자동〉 수영하다, 헤엄치다

pescar 〈타동〉 낚시하다

realidad 〈여〉 현실, 사실, 진실

infancia 〈여〉 어린시절

pequeño (-ña) 〈형〉 작은
　　　　　　 〈명〉 어린아이

playa 〈여〉 해변

terrible 〈형〉 무서운, 지독한, 굉장한

ruido 〈남〉 소음

tráfico 〈남〉 차, 교통, 운수

razón 〈여〉 ① 이유, 도리
　　　② 이성, 이지. tener~ : 일리가 있다, 타당하다

┌─────── 이 책에서 사용하는 약어 ───────┐

〈남〉	남성명사	〈재귀〉	재귀동사
〈여〉	여성명사	〈형〉	형용사
〈지시대〉	지시대명사	〈소유형〉	소유형용사
〈의문대〉	의문대명사	〈부〉	부사
〈인칭대〉	인칭대명사	〈접〉	접속사
〈동〉	동사	〈전〉	전치사
〈자동〉	자동사	〈감〉	감탄사
〈타동〉	타동사	〈복〉	복수

└──────────────────────────────┘

1. **¿Dónde vivía Ud. cuando era niño?** 당신은 어렸을 때 어디서 사셨어요?

   era는 ser동사의 계속과거 3인칭 단수이다. 인생에서 어떤 시기를 회상할 때 주로 쓰인다.

2. **¿Se acuerda mucho de su pueblo?** 마을에 대해서 많은 기억이 있으세요?

   acordarse de '~을 기억하다'(＝recordar)
   • Me acuerdo de Carlos. 나는 까를로스를 기억한다.

3. **De vez en cuando íbamos al río a nadar o a pescar.** 때때로 강으로 수영을 가거나 낚시하러 가곤 했었지요.

   계속과거는 이같이 과거의 반복되었던 사실이나 추억을 회상할 때 쓰인다.
   pez와 pescado의 차이점은 pez는 '살아있는 물고기', pescado는 '식품으로서의 생선'을 뜻한다.

4. **El vivir en una ciudad es terrible.** 도시에 산다는 것은 소름끼치는 일이죠.

동사 원형은 명사 역활을 한다. 명사 역활을 하기 때문에 관사가 붙을 때가 있다.

• El viajar es interesante.(=Es interesante viajar) 여행한다는 것은 흥미있는 일이다.

• El amar es soñar. 사랑한다는 것은 꿈을 꾸는 것이다.

문법해설 ●

1. 계속과거

스페인어에서는 과거시제가 무척 다양하지만 가장 많이 사용되는 것을 간추려 보면 단순과거와 계속과거로 나누어 볼 수 있다. 단순과거를 다음 과에서 소개하겠지만 간단하게 두 과거시제의 차이점을 살펴보도록 하겠다.

단순과거란 과거의 일정한 한 시점에서 **완료된 동작**이나 **상태**를 표현한다. 이에 비하여 계속과거는 어느 일정 기간 동안 **지속된 동작**, 또는 과거의 **습관**이나 **반복적인 행동**을 표현한다.

• **Juan se casó** con María. 후안은 마리아와 **결혼했다.** (단순과거)

• Manuel **vino** ayer de Argentina. 마누엘은 어제 아르헨티나에서 **왔다.** (단순과거)

• Juan **iba** a casa de María todas las tardes antes de

casarse. 후안은 결혼하기 전에 마리아네 집에 매일 오후 **가곤
했었다.** (계속과거)

- Yo **vivía** en Madrid cuando **era** niño. 나는 어렸을 적에 마드
  리드에 **살았었다.** (계속과거)

- Cuando llegué a casa, ellos **estudiaban** español. 내가 집에
  도착했을 때 그들은 서반아어 **공부를 하고 있었다.**

(도해)

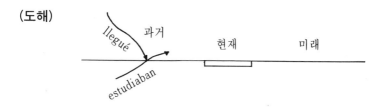

2. 계속과거의 형태

인칭＼원형동사	hablar	comer	vivir	제1변화	제2·3변화
yo	hablaba	comía	vivía	-aba	-ía
tú	hablabas	comías	vivías	-abas	-ías
él, ella, Ud.	hablaba	comía	vivía	-aba	-ía
nosotros	hablábamos	comíamos	vivíamos	-ábamos	-íamos
vosotros	hablabais	comíais	vivíais	-abais	-íais
ellos, ellas, Uds.	hablaban	comían	vivían	-aban	-ían

3. 계속과거의 용법

1) 과거에 있어서 지속적인 행위나 상태를 표현한다.
- Aquel día nevaba mucho, 그날 눈이 많이 내렸었다.
- De niño estudiaba mucho. 어렸을 적에 공부를 많이 했었다.

2) 과거의 습관이나 반복적인 행위를 뜻할 때 쓰인다.
- Todas las mañanas **daba** un paseo por el parque. 매일 아침 공원으로 산책을 가곤했었다.

3) 과거의 '시간'이나 '나이'를 말할 때 쓰인다.
- **Eran** las doce cuando volvió mi papá. 우리 아버지가 돌아왔을 때는 12시였다.

  ※ 과거 시간을 말할 때는 반드시 계속과거 시제를 사용한다.

- Yo **tenía** veinte años cuando entré en la universidad. 내가 대학에 입학했을 때 20살이었다.

4. 불규칙 동사 계속과거 시제는 다음의 3동사만이 불규칙 변화를 할 뿐이다.

ver: veía, veías, veía, veíamos, veíais, veían.

ir : iba, ibas, iba, íbamos, ibais, iban.

ser: era, eras, era, éramos, erais, eran.

1. **¿Qué deporte te gustaba más cuando eras niño?** 너는 어렸을 때 어떤 스포츠를 가장 좋아했었니?

   Yo era aficionado al fútbol. 나는 축구팬이었어.

2. **¿Te acuerdas de tus abuelos?** 너는 조부모님 기억이 나니?

   Sí, me acuerdo mucho de ellos. 그럼, 그분들 기억이 많이 나.

   Todos los domingos iba con ellos a la iglesia. 매주 일요일 그분들과 교회에 가곤했었어.

3. **¿Dónde vivía usted cuando era niño?** 당신은 어렸을 때 어디에서 사셨습니까?

   Yo vivía en Seúl. 서울에서 살았습니다.

4. **¿Qué tiempo hacía ayer?** 어제 날씨가 어땠나요?

   Hacía buen tiempo. 날씨가 좋았습니다.

❖ 필수회화 ❖

❶ 쇼핑하러 가는 표현

• **Yo voy de compras esta mañana.** 나는 오늘 아침 쇼핑간다.

• **¿Quieres acompañarme al mercado?** 시장에 나를 따라가지 않을래?

• **Sí, con mucho gusto.** 그래, 기꺼이 가지.

• **¿Qué quieres comprar?** 무엇을 사려고 하니?

• **Quiero comprar frutas, carne, pescado y legumbres.** 과일, 고기, 생선, 야채를 사고 싶어.

• **¿Quieres tomar el taxi o autobús?** 택시를 탈거야 버스를 탈거야?

• **Quiero ir a pie.** 나는 걸어가고 싶어.

• **¿Cuánto cuesta un kilo de carne de vaca?** 쇠고기 1kg은 얼마입니까?

❷ 식당에서

• **¿Qué prefiere usted comer?** 무엇을 드시겠어요?

- **¿Bistec o pollo?** 비프 스테이크 혹은 닭고기?

- **Bistec, por favor.** 비프 스테이크를 주세요.

- **¿Café o té?** 커피를 원하세요? 홍차를 원하세요?

- **Café, por favor.** 커피를 주세요.

- **¿Con leche y azúcar?** 크림과 설탕을 타나요?

- **Sin azúcar, sólo leche.** 설탕은 없이 크림만 탑니다.

- **¿Qué bebida quiere tomar?** 마실 것은 무엇을 원합니까?

- **Vino rojo, o sea, tinto.** 붉은 포도주요.

❖ 연습문제 ❖

A. 다음 질문에 답하시오.

1. **¿Qué hacía Ud. cuando estaba en París?**

2. **¿Qué hacía por la noche en casa?**

3. **¿Dónde trabajaba el año pasado?**

4. **¿A dónde iba él los domingos?**

B. 다음 문장을 스페인어로 옮기시오.

1. 나는 영국에 있을 때 영어와 연극을 공부했습니다.

2. 그는 내게 매우 친절한 친구였습니다.

3. 프랑스어 선생님은 가끔 프랑스를 여행하곤 했습니다.

4. 내가 집에 도착했을 때는 새벽 1시 반이었습니다.

C. 괄호 안의 동사를 계속과거 시제로 인칭 변화시켜 넣으시오.

1. Juan _____ en el campo.(trabajar)

2. Antes aquel hombre _____ un gran pianista.(ser)

3. Esos estudiantes _____ novelas.(escribir)

4. Nosotros _____ en Seúl en aquel tiempo.(estar)

5. _____ mucho.(llover)

6. Ellos _____ las vacaciones en Sevilla.(pasar)

해 답

A. 1. Cuando estaba en París estudiaba francés.

2. Por la noche veía la televisión.

3. Yo trabajaba en el banco.

4. El iba a la montaña los domingos.

B. 1. Cuando yo estaba en Gran Bretaña estudiaba inglés y teatro.

2. El era un amigo muy amable conmigo.

3. El profesor de francés viajaba de vez en cuando a Francia.

4. Cuando yo llegué a casa, era la una y media de la madrugada.

C. 1. trabajaba   2. era

   3. escribían   4. estábamos

   5. llovía   6. pasaban

▼ 스페인 지도

LECCION — 2 — | ¿Cómo pasaste las vacaciones de Navidad?

—¡Feliz Navidad!

—¡Feliz Navidad! ¿cómo pasaste las vacaciones?

—Muy bien, gracias. Y ¿cómo las pasaste tú?

—Me divertí mucho en Nochebuena con toda mi familia. Mi madre preparó muy buenas comidas y mi padre me compró un regalo de Navidad.

—¿No fuiste a ningún sitio durante las vacaciones?

—Sí, mi familia y yo viajamos por Andalucía, donde hay muchos monumentos históricos.

—¿Qué tiempo hacía durante las vacaciones?

—Hacía muy buen tiempo. No llovió ni nevó.

—¿Cuándo volviste a Madrid?

—Volví a Madrid el 27 de diciembre.

—¿Qué hora era cuando llegaste a casa?

—Eran las 12 de la noche. Por eso nos acostamos muy

tarde, y al día siguiente me levanté a las 10 de la mañana. Por eso estaba muy cansado, pero me divertí más
que nunca durante las vacaciones de Navidad.

본문번역 ●

제2과 성탄절 휴가를 어떻게 보냈니?

성탄을 축하해!

성탄을 축하해! 휴가를 어떻게 보냈니?

잘 지냈어, 고마워. 너는 어떻게 지냈니?

성탄절 이브날 가족들과 함께 즐겁게 보냈어. 어머니께서 맛있는 음식을 장만
하셨고 아버지는 크리스마스 선물을 주셨어.

휴가동안 아무 곳에도 가지 않았니?

응, 가족들과 함께 안달루시아를 여행했어. 그곳에는 많은 역사적 유물이 있
지.

휴가동안 날씨는 어땠니?

좋은 날씨였어. 비도 안 오고 눈도 안 오고.

마드리드에는 언제 돌아왔니?

12월 27일날 돌아왔지.

집에 도착했을 때 몇 시였니?

밤 12시였어. 그래서 우리는 늦게 잠자리에 들었고, 나는 다음 날 아침 10시에
야 일어났지. 그래서 몹시 피곤했어. 그러나 성탄 휴가동안 난 그 어느 때보다
도 더 즐겁게 지냈어.

pasar (타동) 지나가다. 보내다(방학 을·명절을 보내다)

vacaciones (여) 휴가, 방학. ※ 항상 복수로 사용한다. ~de verano : 여름 방학(휴가), ~de invierno : 겨울 방학(휴가)

Navidad (여) 성탄절

feliz (형) 행복한, 즐거운(복수 : felices)

Nochebuena (여) 크리스마스 이브

preparar (타동) 준비하다

comida (여) 음식

comprar (타동) 사다

regalo (남) 선물

regalar (타동) 선물을 하다.

sitio (남) 장소

durante (전) ~하는 동안

viajar (자동) 여행하다

monumento (남) 유물, 유적물

histórico (−ca) (형) 역사적

cansado (−da) (형) 피곤한

nunca (부) 결코. más que nunca : 어 느 때 보다도 더

본문연구 ●───────────────

1. ¡Feliz Navidad! 성탄을 축하해 ! (英語의 Merry Christmas!)

성탄인사이다. 새해인사는 '¡Feliz Año Nuevo!'라고 한다. '새해 복 많이 받으세요.

2. Nochebuena

성탄절 이브를 뜻한다. 즉 12月 24日 밤을 말하며, 12月 31日 밤을 Nochevieja라고 한다. 자정이 지나면 Año Nuevo가 되기 때문이다. 특별한 의미가 있는 날이므로 대문자를 써 준다.

3. ¿No fuiste a ningún sitio durante las vacaciones? 휴가 동안에 아무 곳에도 가지 않았니?

여기서 fuiste는 ir동사의 단순과거형이다. ninguno는 남성 단수명사 앞에서 -o가 탈락해서 ningún이 된다.

4. Sí, mi familia y yo viajamos por Andalucía. 나의 가족과 함께 안달루시아를 여행했어.

여기서 'Sí'의 사용을 살펴보아야겠다. 스페인어로는 긍정으로 질문하든, 부정으로 질문하든 대답이 긍정일 때는 'Sí'로 답해야 한다. 우리말과 다른 점이니 유의하여야 한다.

- ¿Comiste ya? (긍정) 밥 먹었니?

  Sí, ya comí. 예, 먹었어요. (긍정)

  No, todavía no comí. 아직 안 먹었어요. (부정)

- ¿No comiste todavía? (부정) 아직 밥 안 먹었니?

  Sí, ya comí. 예, 먹었어요. (긍정)

  No, todavía no comí. 아직 안 먹었어요. (부정)

문법해설 ●────────────────────

1. 단순과거

직설법 단순과거는 어느 일정한 과거의 시점에서 완료된 주어의 동작 및 상태를 말한다.

(도해)

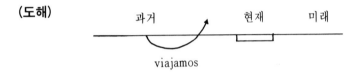

과거　　　　　현재　　　미래

viajamos

(1) 형　태

직설법에서는 두 가지 형태로 변한다.

원형동사　인칭	pasar	comer	salir	제1변화 동사어미	제2·3변화 동사어미
yo	pasé	comí	salí	-é	-í
tú	pasaste	comiste	saliste	-aste	-iste
él	pasó	comió	salió	-ó	-ió
nosotros	pasamos	comimos	salimos	-amos	-imos
vosotros	pasasteis	comisteis	salisteis	-asteis	-isteis
ellos	pasaron	comieron	salieron	-aron	-ieron

※ 1인칭 복수는 직설법 현재와 같다는 것을 명심하자.

(2) 단순과거 불규칙 변화 동사

중요한 불규칙 동사들이 있으므로 따로 외어야 하겠다.

ir   : fui, fuiste, fue, fuimos, fuisteis, fueron

ser   : fui, fuiste, fue, fuimos, fuisteis, fueron

tener : tuve, tuviste, tuvo, tuvimos, tuvisteis, tuvieron

hacer : hice, hiciste, hizo, hicimos, hicisteis, hicieron

※ ir와 ser 동사의 부정과거형은 동일하다. 그래서 문장의 의미로 구별해
야 한다.

2. 부정대명사(不定代名詞)와 부정형용사(不定形容詞)

부정대명사 및 부정 형용사는 가리키는 대상이 명확하지 않을 때 사용한다.

(1) alguno

성·수의 변화를 하며 남성 단수 명사 앞에서 -o가 탈락한다. 대명사·형용
사로 각각 쓰이며 사물과 사람에 다 사용한다.

• **Algunos** quieren ir al campo a vivir.(대명사) 어떤 이들은
시골에서 살기를 원한다.

• **Algunas** casas eran demasiado pequeñas.(형용사) 어떤 집
들은 너무나도 작았다.

• **Algún** día. (형용사) 언젠가(미래)

(2) ninguno

alguno의 상대적 의미로서 부정문에서 쓰인다. 역시 남성 단수 명사 앞에서 -o가 탈락한다.

- **Ninguno** de ellos quería trabajar.(대명사) 그들 중 아무도 일하기를 원치 않았다.

- **Ninguna** mujer era bonita.(형용사) 어느 여자도 아름답지 않았다.

- **Ningún** hombre era guapo.(형용사) 어느 남자도 미남이 아니었다.

(3) algo, nada

성·수의 변화가 없고 대명사로 사물에만 쓰인다.

- ¿Quiere **algo** más?(대명사) 무엇을 더 원하십니까?

- No quise **nada**.(대명사) 난 아무것도 원치 않았다.

(4) cualquiera

일반적으로 명사앞에서는 cualquier가 된다.

• Cualquier día podrás visitarme. 언제든지 너는 나를 방문할 수 있다.

• Un día cualquiera voy a visitarte. 언젠가 나는 너를 방문할 것이다.

※ 제 9 과에서 부정대명사와 부정형용사를 자세히 다루겠다.

문 장 연 습

1. ¡Feliz Año Nuevo! 새해 복 많이 받으세요!

¡Próspero Año Nuevo! 새해 복 많이 받으세요!

2. ¿Cómo pasaste las vacaciones de verano? 너는 여름 휴가를 어떻게 보냈니?

Yo pasé las vacaciones muy bien. 나는 휴가를 아주 잘 보냈지.

Viajé con mis padres por Granada. 나는 부모님과 함께 그라나다를 여행했어.

3. ¿Cómo lo pasó usted anoche en la discoteca? 당신은 어제 저녁 디스코

장에서 어떻게 지냈습니까?

Me divertí mucho allí con mis amigas. 나는 거기서 여자 친구들과 아주 즐거웠지요.

❖ 필수회화 ❖

❶ 언제(¿cuándo?)를 사용한 과거표현

- **¿Cuándo nació usted?** 당신은 언제 태어났습니까?
- **Yo nací el 12 de agosto de 1970.** 나는 1970년 8월 12일에 태어났습니다.
- **¿Cuándo ingresó usted en la universidad?** 당신은 언제 대학에 입학했습니까?
- **Ingresé en 1985.** 나는 1985년에 입학했습니다.
- **¿Cuándo se graduó de la universidad?** 당신은 언제 대학을 졸업했습니까?
- **Me gradué en 1989.** 나는 1989년에 졸업했습니다.
- **¿En qué año nació usted?** 당신은 몇 년도에 태어났습니까?

❷ 수출 · 수입의 표현

- ¿Qué exportó su compañía el año pasado? 당신의 회사는 작년 에 무엇을 수출했습니까?
- Mi compañía exportó productos electrónicos. 나의 회사는 전자 상품을 수출했습니다.
- ¿Qué importó el año pasado? 작년에 무엇을 수입했습니까?
- Plátanos y otras frutas. 바나나와 다른 과일들입니다.

❖ 연습문제 ❖

A. 다음 질문에 답하시오.

1. ¿Cómo lo pasaste anoche en la fiesta?
2. ¿Qué hora era cuando volviste a casa?
3. ¿Qué tiempo hacía ayer?
4. ¿Te gustan las vacaciones de Navidad?

B. 다음 문장을 스페인어로 옮기시오.

1. 나는 성탄 휴가 때 시골에 갈거야.
2. 너는 뭘 할거니?
3. 나는 공부를 하려고 해.

C. 단순과거로 인칭변화시켜 써 넣으시오.

1. Ayer ella (ir) al museo nacional.

2. Anoche (llover) mucho.

3. Yo (tener) mucha hambre.

4. Yo (divertirme) mucho.

해 답

A. 1. Muy bien. Me divertí mucho en la fiesta.
   2. Eran las dos de la madrugada.
   3. Ayer hacía viento. Y hacía fresco.
   4. Sí, me gustan mucho.

B. 1. Voy a ir al campo durante las vacaciones de Navidad.
   2. ¿Qué vas a hacer tú?
   3. Yo voy a estudiar.

C. 1. fue   2. llovió
   3. tuve   4. me divertí

LECCION

— 3 — *En el supermercado.*

Cuando yo fui el sábado pasado al centro de la ciudad, compré muchas frutas en el supermercado del Sol.

En la frutería del supermercado había manzanas, peras, naranjas, plátanos, uvas, sandías, melones, etc.

Yo compré dos kilos de manzanas, dos kilos de naranjas, tres kilos de plátanos y un kilo de uvas.

Un kilo de naranjas costaba 300 pesetas.

Las naranjas eran más caras que las manzanas, y el melón era más caro que las naranjas, y el melón era el más caro de la frutería.

Había mucha gente en el supermercado. Me encontré con Carmen en la frutería. Y ella compró también tantas frutas como yo. Yo quería quedarme allí más tiempo, pero ya era tarde y tenía hambre. Además no tenía más que 1.000 pesetas en el bolsillo, y tuve que volver a casa.

제3과 슈퍼마켓에서

나는 지난 토요일 시내 중심가에 갔을 때 태양(Sol) 슈퍼마켓에서 과일을 많이
샀다.
슈퍼에 있는 과일가게에는 사과, 배, 오렌지, 바나나, 포도, 수박 그리고 멜론
이 있었다.
나는 2킬로의 사과, 2킬로의 오렌지, 3킬로의 바나나 그리고 1킬로의 포도를
샀다.
오렌지는 1킬로에 삼백 페세타였다. 오렌지는 사과보다 비쌌고 멜론은 오렌지
보다 비쌌다. 그리고 멜론이 과일 가게에서 가장 비쌌다.
슈퍼에는 많은 사람이 있었고 나는 과일가게에서 까르멘을 우연히 만났다. 그
녀 역시 나처럼 많은 과일을 샀다. 나는 그곳에 더 있고 싶었지만 너무 늦었고
배도 고팠을 뿐만 아니라 주머니에는 천 페세타 밖에 없었으므로 나는 집으로
돌아올 수 밖에 없었다.

새로운 단어 ●────────────────────────

supermercado ⓝ 슈퍼마켓   **uva** ⓕ 포도

pasado (–da) ⓐ 지나간, 전의, 과   **sandía** ⓕ 수박

　　　　　거의, 지난   **melón** ⓝ 멜론

fruta ⑲ 과일 cf. fruto : 열매, 결실　　**gente** ⑲ (집합명사)사람들

manzana ⑲ 사과　　　　　　　　　　**encontrar** ⑧ 만나다 ~se con : 우

pera ⑲ 배　　　　　　　　　　　　　　연히 만나다

naranja ⑲ 오렌지　　　　　　　　　　**quedar** ⑧ 남다 ~se 머물다

plátano ⑭ 바나나　　　　　　　　　　**bolsillo** ⑭ 주머니

본문연구●━━━━━━━━━━━━━━━━━━━━━━━

1. En la frutería

fruta를 파는 가게는 **frutería**이다.

zapato(구두)를 파는 가게는 **zapatería**,

carne(고기)를 파는 가게는 **carnicería**,

libro(책)를 파는 가게는 **librería**,

flor(꽃)를 파는 가게는 **floristería**

café(커피)를 파는 곳은 **cafetería**이다.

cerveza(맥주)를 파는 곳은 **cervecería**이다.

pan(빵)를 파는 곳은 **panadería** 등으로 모두 -ría로 끝난다.

2. No tenía más que 1.000 pesetas en el bolsillo.

주머니에는 단지 천 페세타 밖에 없었다. No ~ más que는 sólo의

뜻이다. 즉 Sólo tenía 1.000 pesetas와 같은 의미이다.

※ 스페인어에서는 숫자를 표시할 때 콤마(,)와 마침표(.)를 반대로 사용

하고 있으니 주의하기 바랍니다.

3. Y tuve que volver a casa. 집에 돌아올 수 밖에 없었다.

tener que+inf.는 ~할 수 밖에 없었다는 의미이다. (=deber)

• Tuve que esperar afuera porque nadie estaba en casa. 집에 아무
도 없었기 때문에 나는 밖에서 기다릴 수 밖에 없었다.

• Teníamos que dormir porque ya era muy tarde. 너무 늦었기 때
문에 우리는 잠을 청할 수 밖에 없었다.

문법해설 ●─────────────────────────────

1. 부사의 비교

1) 부사의 비교급은 형용사의 비교급과 동일하다.

① 우등비교급 : más+부사+que

• Yo corro **más** rápido **que** Juan. 나는 후안보다 더 빨리 달린
다.

② 열등비교급 : menos+부사+que

• Jaime corre **menos** rápido **que** yo. 하이메는 나보다 늦게 달
린다.

③ 동등비교

• El pescado cuesta **tan caro como** la carne. 생선은 고기 만
큼이나 비싸다.

2) 불규칙한 비교급을 갖는 부사들

mucho — más   bien — mejor

poco — menos   mal — peor

- El habla más que yo. 그는 나보다 말을 많이 한다.

- Yo hablo mejor que tú. 나는 너보다 말을 더 잘한다.

2. 명사의 비교

- Tenemos **tantos** libros **como** vosotros. 우리들은 너희들 만큼 책을 가지고 있다.

- Tengo **menos** hambre **que** tú. 나는 너보다 배가 덜 고프다.

3. 전치사의 용법

1) A

- Veo **al** niño. 나는 남자 아이를 바라본다.

- Llego **a** las ocho. 나는 8시에 도착한다.

- Vengo **a** verte. 나는 너를 보러 온다.

- La casa está **a** 10 kilómetros de aquí. 집은 여기서 10킬로미터 떨어져 있다.

- Al abrir la puerta salió el perro. 문을 열자 개가 나갔다.

2) Con

- Ayer hablé **con** mi profesora. 어제 나는 나의 여교수님과 말
  했다.

- Café **con** leche. 밀크 커피

- Ud. quiere ir **conmigo**. 당신은 나와 함께 가기를 원한다.

3) De

- Vengo **del** campo. 나는 들에서 온다.

- El reloj **de** plata. 은시계

- La casa **de** Luis. 루이스의 집

- Un vaso **de** vino. 포도주 한잔

- **De** Sevilla a Granada. 세빌야에서 그라나다까지

- Habló **de** la vida extranjera. 그는 외국 생활에 대하여 말했
  다.

4) En

- Estamos **en** la escuela. 우리들은 학교에 있다.

- Habla **en** voz alta. 그는 큰소리로 말한다.

5) Para와 Por의 용법

Es mejor nadar **para** la salud. 건강을 위하여 수영하는 것이 더 좋다.	La pintura fue pintada **por** Dalí. 그림은 달리에 의해 그려진다.
Para mí, ellos no tienen razón. 나에게는 그들이 옳지 않다.	Lo hice **por** ti. 너를 위해 나는 그것을 했다.
Vine aquí **para** pasar las vacaciones. 나는 여기에 휴가를 보내기 위해 왔다.	Ellos entraron **por** la ventana. 그들은 창문을 통해 들어왔다.
Para ir a España, hay que hablar español. 스페인에 가기 위해서는 스페인어를 말해야 한다.	Luchamos **por** la paz. 우리는 평화를 위해 싸운다.
El billete es **para** ti. 이 표는 너를 위해서다.	Paseamos **por** el parque. 우리들은 공원으로 산보한다.

1. **¿Qué compró usted en el supermercado ayer?** 어제 당신은 슈퍼
마켓에서 무엇을 샀습니까?

   Compré frutas, carne, pescado, legumbres, etc. 나는 과일, 고
기, 생선, 야채 등을 샀어.

2. **¿Te gustan las manzanas y peras?** 너는 사과하고 배를 좋아하니?

   Sí, me gustan mucho. 응, 무척 좋아해.

3. **Pero, ¡qué caras son las patatas! ¿Cuánto vale un kilo de
patatas?** 그러나, 감자가 굉장히 비싸구나! 감자 1킬로에 얼마지?

   Vale 200 pesetas. 200페세타야.

   Ahora hacemos rebajas. 지금은 세일중입니다.

4. **¿Cuánto cuesta este libro?** 이 책은 얼마입니까?

   Cuesta 550 pesetas. 550페세타입니다.

❖ 필수회화 ❖

❶ 음식을 맛보다

- **¿Probó usted la carne asada llamada Bulgogui?** 당신은 불고기라고 불리우는 구운 고기를 먹어 보았습니까?
- **No, no la probé todavía.** 아니요, 나는 아직 먹어보지 못했어요.
- **Quiero probar una comida española llamada Paella.** 빠엘야(스페인의 전통 볶음밥)라고 불리우는 스페인 음식을 시식해보고 싶습니다.

❷ 병원에서의 대화

- **¿Qué le duele?** 어디가 아프십니까?
- **Me duele la cabeza.** 머리가 아파요.
- **Estoy muy mal.** 나는 아주 좋지가 않아요.
- **Me duele el estómago.** 나는 위가 아파요.
- **Me duele la muela.** 나는 어금니가 아파요.
- **¿Qué le pasa?** 무슨 일입니까?
- **Tengo mucha fiebre.** 나는 열이 많아요.

- **Y tengo dolor de garganta.** 나는 목이 아파요.

- **Aquí tiene Ud. la receta.** 여기에 처방이 있습니다.

- **Gracias. Voy a descansar un rato.** 고맙습니다. 나는 잠시 휴식 하려고 합니다.

❖ 연습문제 ❖

A. 다음 질문에 답하시오.

1. **¿Hay algún supermercado cerca de tu casa?**

2. **¿Qué hay en ese supermercado?**

3. **¿Tú vas con frecuencia al supermercado?**

4. **¿Dónde se puede comprar más barato, en el mercado o en el supermercado?**

B. 다음 문장을 스페인어로 옮기시오.

1. 시장에서 장을 보려면 많은 시간이 필요하다.

2. 슈퍼에서 장을 보는 것이 더 편하지만 더 비싸다.

3. 과일은 시장에서 사는 것이 좋다. 왜냐하면 더 싱싱하기 때문이다.

4. 인스턴트 식품은 슈퍼에서 쉽게 구할 수 있다.

C. 밑줄 친 곳에 보기의 전치사 중에서 가장 알맞은 것을 써 넣으시오.

보기 : **a, de, en, por, para**

1. Vemos _____ la profesora.

2. Ayer compré el reloj _____ plata.

3. Mis primos ahora estudian _____ Alemania.

4. Es muy difícil _____ mí.

5. Paseamos _____ el parque.

6. Llegué a la estación _____ las ocho _____ la mañana.

해   답

A. 1. Sí, hay dos supermercados muy grandes.

2. Hay muchas cosas : frutas, carnes, pescados, legumbres, y muchos comestibles instantáneos, etc.

3. No, no voy con frecuencia porque tengo mucho que hacer en la escuela.

4. Creo que se compra más barato en el mercado que en el supermercado.

B. 1. Se necesita mucho tiempo para hacer compras en el mercado.

2. Es más cómodo hacer compras en el supermercado pero es más caro.

3. Es mejor comprar las frutas en el mercado porque son más frescas.

4. La comida rápida(instantánea) se pueden comprar fácilmente en el supermercado.

C. 1. a   2. de   3. en   4. para   5. por   6. a, de

▲ 마드리드의 고풍스러운 카페

LECCION
— 4 —
¿Cuál de las estaciones te gusta más?

Después de pasar las vacaciones de verano los estudiantes se reúnen otra vez y empiezan a estudiar en la clase.

So—Yon : Hola, Gui—do. ¿Cómo pasaste las vacaciones de verano?

Gui—Do : Me divertí mucho. Porque mi familia y yo las pasamos en la playa Jeunde de Pusan. Y tú, ¿cómo las pasaste?

So—Yon : No me gusta el calor. Entonces me quedé en casa durante todo el verano. A veces yo iba al cine con mi hermano.

Gui—do : So—Yon, ¿cuál de las estaciones te gusta más?

So—Yon : A mí no me gusta ni el verano ni el invierno. Pues no puedo resistir ni el frío del invierno ni el calor del verano. Para mí el otoño es más agradable. Durante los meses de septiembre, octubre y noviembre hace fresco, casi siempre, hace buen tiempo.

Gui-do : A mí me gusta el invierno. Porque en esa estación puedo esquiar y patinar. Y a veces me pongo el abrigo y salgo a caminar en la nieve.

So-Yon : ¿Qué tiempo hace ahora en Argentina?

Gui-do : Cuando hace calor aquí en Corea, hace frío allí. Corea y Argentina están situadas en lugar diametralmente opuesto. Es decir, son antípodas.

본문번역 ●───────────────────────────

제4과 계절 중에서 어느 계절을 제일 좋아하니?

여름 방학을 보낸 후 학생들은 다시 모여 교실에서 공부를 시작합니다.

소연 : 안녕, 기도! 여름방학은 어떻게 지냈니?

기도 : 아주 즐거웠어. 우리 가족 모두 해운대 바닷가에서 함께 지냈거든. 그런 데 넌 어땠니?

소연 : 난 더위는 질색이야. 그래서 난 여름 내내 집안에 박혀 있었어. 가끔씩
　　　동생이랑 함께 극장에나 가곤 했지.

기도 : 소연, 넌 계절 중에 어느 계절을 제일 좋아하니?

소연 : 나는 여름도 겨울도 그 어느 것도 좋아하지 않아. 왜냐하면 난 겨울의 그
　　　추위도, 여름의 그 더위도 못 참거든. 내게는 가을이 더 상쾌해. 9월, 10
　　　월, 11월에는 날씨도 선선하고 좋아.

기도 : 난 겨울이 좋아. 왜냐하면 겨울에는 스키도 타고 스케이트도 탈 수 있거
　　　든. 그리고 가끔씩 외투를 걸쳐 입고 눈길을 거닐기도 하고.

소연 : 아르헨티나의 요즘 날씨는 어때?

기도 : 여기 한국에서 더위가 한창이면 그곳에는 추위가 한창이지. 한국과 아르
　　　헨티나는 정반대에 위치하고 있어. 즉 대차점이지.

새로운 단어 ●━━━━━━━━━━━━━━━━━━━━

estación ㉔ ① 계절 ② 역,

verano ㉠ 여름

divertirse ㉐ 즐기다

quedar ㉐ 남다, 머물다

resistir ㉐ 견디다, 참다

otoño ㉙ 가을

fresco(-ca) ㉑ 상쾌한, 신선한

patinar ㉐ 스케이트를 타다

nieve ㉔ 눈(雪)

vacaciones ㉔ 휴가, 방학(항상 복수
　　　로만 쓰인다.)

reunirse ㉐ 모이다, 결합하다

calor ㉠ (1) 열 (2) 더위

invierno ㉠ 겨울

frío ㉠ 추위 ㉑ 추운, 냉담한

agradable ㉑ 즐거운, 상쾌한

esquiar ㉐ 스키를 타다

abrigo ㉠ 외투, 보호

opuesto(-ta) ⑱ 반대의, 마주보는   **diametralmente** ⑨ 지름으로

antípoda ⑭ 대차점, 정반대

본문연구 ●━━━━━━━━━━━━━━━━━━━━━━━

1. ¿Cuál de las estaciones te gusta más?

이 문장에서 'de las estaciones'를 'entre las estaciones' 로 바꾸어
쓸 수 있는데 'de' 는 ' -중에서' 라는 의미로 쓰인다. Cuál 은 의
문 대명사로 두 개 이상의 것 중에서 선택을 묻는 경우에 쓰인다.

2. Durante los meses de septiembre, …동안에는

'-하는 동안에'라는 의미로 전치사 durante 와 접속사 mientras que
가 있다. 전자는 반드시 구만을 받고 후자는 절을 받는다.

• **Durante estas vacaciones voy a estudiar español.** 이번 방학 동안에
나는 서반아어를 공부하려 한다.

3. Hace buen tiempo.

일반적으로 '날씨가 춥다.' '덥다.' '좋다.' 등을 표현할 때는 동사
hacer를 쓴다. 그러나 신체적으로 '내가 춥다.' '덥다.' 등을 나타낼
때는 tener 동사를 사용하여야 한다.

• **Hoy hace buen tiempo.** 오늘 날씨가 좋다.

• **Hace frío.** 날씨가 춥다.

• **Tengo mucho calor.** 나는 매우 덥습니다.

4. Es decir, son antípodas. 즉 대차점이지. (지구가 둥글기 때문에 한국에서 땅을 파서 끝이 나온다면 남미의 아르헨티나가 된다.)

문법해설 ●────────────────────

1. 소유 형용사의 후치형

소유 형용사의 후치형은 명사의 뒤에서 쓰이는 것을 말한다. 후치형은 모두 모음으로 끝나므로 그 수식하는 명사의 성-수에 일치해야 하며 일반적으로 명사 앞에 관사가 사용된다.

amigo/amiga	mío/-a	amigo/amiga	nuestro/-tra
	tuyo/-ya		vuestro/-tra
	suyo/-ya		suyo/-ya
amigos/amigas	míos/-as	amigos/amigas	nuestros/-as
	tuyos/-as		vuestros/-as
	suyos/-as		suyos/-as

- **Mi libro está en la mesa.** =**El libro mío está en la mesa.** 나의
책은 책상에 있다.

- **Nuestra escuela está en Seúl. = La escuela nuestra está en
Seúl.** 우리들의 학교는 서울에 있다.

2. 소유 대명사 = 정관사 + 소유 형용사의 후치형

소유 대명사는 ' -의 것(들) '이라고 번역된다. 이 때 정관사와 형용사는
가리키는 명사의 성, 수에 모두 일치해야 한다.

el/la	mío/-a tuyo/-ya suyo/-ya	el/la	nuestro/-tra vuestro/-tra suyo/-ya
los/las	míos/-as tuyos/-as suyos/-as	los/las	nuestros/-as vuestros/-as suyos/-as

- **¿ Dónde están tu libro y el mío?** 너의 책과 나의 책은 어디에
있니 ?

- **Aquel libro es mío, y éste es tuyo.** 저 책이 내 것이고, 이것은
너의 것이다.

- **¿ Cuál es el tuyo entre estos libros?** 이 책들 중에 네 것은 어
느것이니 ?

• **Este es el mío.** 이것이 내 것입니다.

※ ser 동사의 보어가 된 소유대명사는 관사를 생략하지만 의문사 ¿cuál?로
물을 때와 그 대답에서는 생략하지 않는다.

3. Ni 의 용법

no (ni) A ni B, A와 B 양쪽을 부정 할 때 사용된다.

—**Alicia y José no fueron a la playa.** 알리시아와 호세는 바닷가
에 가지 않았다. '

—**Ni Alicia ni José fueron a la playa.** 알리시아와 호세는 바닷가
에 가지 않았다.

—**La casa no es grande ni pequeña.** 집은 크지도 작지도 않다.

—**La casa no es ni grande ni pequeña.** 집은 크지도 작지도 않다.

—**Ni es grande ni pequeña la casa.** 집은 크지도 작지도 않다.

※ 위에 문장은 같은 뜻이지만 ni- ni-를 씀으로써 강조형이 된다. ni 를 맨
앞에 쓸때는 no를 다시 써서는 안된다. 스페인어에서는 부정어가 2개 이상
함께 쓰였을 경우 단지 부정의 강조 의미가 된다는 것을 알아 두자.

• **No tengo ni hermano ni primo.** 나는 형제도 삼촌도 없습니다.

• **Ella no tiene ni una peseta.** 그녀는 1페세타도 없다. (돈이 한푼도 없다.)

4. 국명과 그 형용사

México	mexicano (-na)	Venezuela	venezolano (-na)
Guatemala	guatemalteco (-ca)	Colombia	colombiano (-na)
Honduras	hondureño (-ña)	Ecuador	ecuatoriano (-na)
Nicaragua	nicaragüense	Perú	peruano (-na)
El Salvador	salvadoreño (-ña)	Bolivia	boliviano (-na)
Costa Rica	costarricense	Chile	chileno (-na)
Panamá	panameño (-ña)	España	español (-la)

※ 이 이외에도 중요 국가들의 형용사 형을 꼭 알아두어야 한다.

문 장 연 습

1. **¿Son éstas tus maletas, Juan?** 후안. 이것들이 너의 가방들이냐?

   No, las mías son más grandes. 아니, 내 것들은 더 큰 것인데.

2. ¿ Cuál es la suya de estas malestas ? 이 가방들 가운데 당신의
것은 어느 것입니까 ?

Aquélla es la mía. 저것이 나의 것입니다.

3. ¿ Qué tiempo hace en España en verano ? 스페인의 여름 날씨는
어떻습니까 ?

**Bueno, depende. En el norte la temperatura es buena, pero
a veces llueve. En el sur hace mucho calor.** 글쎄, 지역에 따라
틀리지요. 북쪽은 기후가 좋은 편이지만 가끔 비가 옵니다. 남쪽은 매
우 덥습니다.

4. ¿ Cuál de las frutas le gusta más ? 당신은 과일 중에서 어떤 것
을 가장 좋아합니까 ?

Me gusta la naranja. 나는 오렌지를 좋아합니다.

¿ Cuál de las novelas españolas te gusta más ? 너는 스페인 소
설 중에서 어떤 것을 가장 좋아하니 ?

Me gusta Don Quijote. 나는 돈키호테를 좋아해.

❖ 필수회화 ❖

❶ 의문사 ¿ Por qué? (왜?)를 사용하는 표현 ▉▉▉▉▉▉▉▉▉

- **¿Por qué llegas tan tarde a casa?** 너는 왜 집에 그렇게 늦게 도착하니?

- **Porque tengo mucho trabajo en la oficina.** 왜냐하면 사무실에 일이 많기 때문이지.

- **¿ Por qué no invitas a Juan a la fiesta?** 너는 왜 파티에 후안을 초대하지 않니?

- **Porque él está de viaje.** 왜냐하면 그는 여행 중이야.

- **¿ Por qué no quiere Ud. cenar?** 당신은 왜 저녁을 들지 않습니까?

- **Porque no tengo hambre.** 왜냐하면 배가 고프지 않기 때문입니다.

❷ ¿ Qué? 혹은 ¿ Cuál? 을 사용하여 여러 개 중에서 선택을 표현할 때.

- **¿ Qué prefiere, un lápiz o un bolígrafo?** 당신은 연필과 볼펜 중에서 어느 것을 원합니까?

- **Prefiero un bolígrafo.** 나는 볼펜을 원합니다.

- **¿ Qué coche prefiere usted, el grande o el pequeño?** 당신은 큰 차와 작은 차 중에서 어느 것을 원하십니까?

- **Prefiero el grande.** 나는 큰 차를 원합니다.

- **¿ Cuál prefiere usted, el Sonata o el Espero?** 당신은 소나타 와 에스페로 중에서 어느 것을 원합니까?

- **Prefiero el Sonata.** 나는 소나타를 원합니다.

❖ 연습문제 ❖

A. 다음 문장을 변형시키시오.

보기 : **Tengo libros.** - **Estos libros son míos.**

1. **Tienes pinturas.**
2. **Tenemos sombreros.**
3. **Ellos tienen hijos.**

B. 다음 문장을 스페인어로 옮기시오.

1. 여름은 내가 제일 좋아하는 계절이다.
2. 나는 여름도 겨울도 좋아하지 않는다.
3. 일곱 내지 여덟 명의 친구들이 나를 방문했다.

C. 다음 국명의 형용사형을 쓰시오.

1. Argentina 2. Panamá 3. Perú 4. Colombia 5. México
6. Venezuela 7. Ecuador 8. Bolivia 9. Cuba 10. Francia
11. Portugal 12. Estados Unidos

해 답

A. 1. Estas pinturas son tuyas.
2. Estos sombreros son nuestros.
3. Estos hijos son suyos. (de ellos)

B. 1. El verano es mi estación predilecta.
2. No me gusta el verano ni el invierno.
3. Me visitaron siete u ocho amigos.

C. 1. argentino 2. panameño 3. peruano 4. colombiano 5. mexicano
6. venezolano 7. ecuatoriano 8. boliviano 9. cubano 10. francés
11. portugués 12. norteamericano

LECCION

— 5 — *Tuve una cita con Isabel.*

El domingo pasado yo tuve una cita con mi novia Isabel a la una de la tarde. Me levanté muy tarde y tomé el desayuno a las diez. Salí de casa al mediodía y llegué a la Plaza Mayor a la una menos diez. Pero Isabel no llegó a la una. Tuve que esperarla más de media hora. Estuve muy aburrido, y finalmente apareció Isabel a la 1 : 40. Al verla yo no pude menos que recibirla con una sonrisa.

Isabel : Siento mucho por haberte hecho esperar. Hubo un accidente y se retrasó el autobús.

Jaime : Está bien. No te preocupes.

Isabel : Te invito a almorzar, Jaime.

Jaime : Desayuné muy tarde y ahora no tengo ganas de comer.

Isabel : Entonces, ¿ qué te parece si vamos primero al teatro?

Jaime : Prefiero ir al cine.

Isabel : ¿ Por qué te gusta siempre el cine?

Jaime : Porque me encantan las películas de guerra y de detectives.

Isabel : Está bien. Si tú lo dices⋯

Vamos a la calle Gran Vía, donde hay muchos cines.

Jaime : Vale. Vamos a coger el metro.

본문번역 ●

제5과 나는 이사벨과 약속이 있었다.

지난 일요일 나는 나의 애인 이사벨과 오후 한 시에 약속이 있었다. 아주 늦게 일어난 나는 10시에 아침을 먹었다. 정오에 집을 나선 나는 1시 10분 전에 Plaza Mayor 에 도착했으나 이사벨은 1시가 되도록 나타나지 않았다. 나는 30분 이상이나 그녀를 기다려야 했다. 나는 매우 지루했는데 마침내 1시 40분이

서야 이사벨은 나타났다. 그녀를 보자 난 그만 미소를 지으며 맞이할 수 밖에
없었다.

이사벨 : 너무 기다리게 해서 미안해. 사고가 생기는 바람에 버스가 늦게 왔
　　　　어.
하이메 : 괜찮아. 염려 하지 마.
이사벨 : 내가 점심 사줄께, 하이메.
하이메 : 아침을 너무 늦게 먹어서 지금은 식욕이 당기질 않는걸.
이사벨 : 그렇다면, 먼저 연극을 보러 가는게 어때 ?
하이메 : 난 영화관에 가는게 더 좋은데.
이사벨 : 왜 넌 늘 영화관 가는걸 좋아하니 ?
하이메 : 왜냐하면 난 전쟁 영화와 탐정 영화에 푹 빠졌거든.
이사벨 : 좋아. 네가 그렇다면야.. '그란 비아' 거리로 가자. 그곳엔 영화관이
　　　　많거든.
하이메 : 좋아. 지하철을 타자.

새로운 단어 ●───────────────────────

domingo ㉿ 일요일

novia ㉠ 연인, 애인

mediodía ㉿ 정오

aburrido(-da) ㉨ 따분한, 지루한

sentir ㉣ 느끼다, 유감이다

cita ㉠ 약속, 회견

desayuno ㉿ 아침식사, 조반

media(-dio) ㉨ 반의, 중간의 (1)
　　　　　㉿ 절반, 중용 (2)수단, 방법

aparecer ㉰ 나타나다, 보이다

retrasarse ㉐㈜ 지각하다

almorzar ㉂㏘ 점심을 먹다

gana ㉡ 의욕

preferir ㉭㏘ 선호하다

detective ㉯ 형사

metro ㉯ (1)지하철 (2)미이터

película ㉡ 필름, 영화

accidente ㉯ (1)우연 (2)사고

preocuparse ㉐㈜ 걱정하다

invitar ㉭㏘ 부르다, 초대하다

teatro ㉯ 연극, 무대

cine ㉯ 영화, 영화관

guerra ㉡ 전쟁

본문연구 ●────────────────

1. **hasta la una..** 한 시 까지는..

   hasta 는 '-까지'라는 뜻의 전치사로, 대조되는 뜻을 갖는 전치사
   로 desde가 있다.

   • desde aquí hasta allá 여기로부터 그곳까지

2. **Tuve que esperarla más de media hora.** 그녀를 30분 이상이나
   기다려야 했다.

   'tener que + 동사원형은' '- 해야 한다'라는 뜻으로 deber + 동
   사원형으로 대체할 수 있다. (무인칭의 경우 'hay que+동사원형'
   을 쓴다)

3. Al verla 그녀를 보자

'al+동사원형'은 'cuando+동사'의 뜻이다. (=Cuando la vi)

4. No poder menos que + 동사원형 은 '-하지 않을 수 없다'

• No pude menos que reír. 웃지 않을 수 없었다.

5. Hubo un accidente. 사고가 있었다.

hubo 는 hay 의 부정과거형으로 단, 복수에 함께 쓰인다.

• Hubo muchos accidentes. 많은 사고가 있었다.

6. Ahora no tengo ganas de comer.

tener ganas de + 동사원형은 ' - 를 할 의욕이 있다' 또는 '하고 싶다' 라는 표현이다.

• Tengo ganas de dormir. 나는 졸립다.

7. ¿ Qué te parece si vamos primero al teatro? 먼저 연극을 보러 가는 것이 어때?

'¿Qué te parece si ... ? ' '- 하는 것이 어때? ' 라는 표현으로 많이 쓰인다.

8. Si lo dices....

문맥상 '네가 그렇게 얘기한다면 나도 연극 대신 영화를 보러 가겠다'라는 의미로 뒷 구문이 생략되어 있다.

9. **La Calle Gran Vía** '그란 비아' ('큰 길' 이라는 뜻) 는 마드리드의 가장 중심거리이다.

10. **Vale.** '좋다'라는 구어체로 'De acuerdo'와 함께 많이 사용된다. Valer동사의 3인칭 단수형이다

문법해설 ●───────────────

1. 단순과거 불규칙 동사

동사 인칭	estar	dar	ver	tener	poder	decir	hacer
yo	estuve	di	vi	tuve	pude	dije	hice
tú	estuviste	diste	viste	tuviste	pudiste	dijiste	hiciste
él	estuvo	dio	vio	tuvo	pudo	dijo	hizo
nosotros	estuvimos	dimos	vimos	tuvimos	pudimos	dijimos	hicimos
vosotros	estuvisteis	disteis	visteis	tuvisteis	pudisteis	dijisteis	hicisteis
ellos	estuvieron	dieron	vieron	tuvieron	pudieron	dijeron	hicieron

※ 단순과거 불규칙 동사들의 변화형을 외우면 접속법 과거시제 변화형을 쉽게 알 수 있다.

2. 'SE'의 다양한 용법들

스페인어에서 'se'의 용법은 8가지가 있는데 그 형태가 비슷해서 구별하는 데 어려움이 있다.

다음의 예문을 참조하여 앞으로 'se'의 의미를 파악하기 바란다.

1) 여격 (간접 목적 대명사)의 'se'
   • **Le lo doy. Se lo doy.** 당신에게 그것을 준다.

2) 재귀 대명사 'se'
   • **Se lava las manos.** 그는 손을 씻는다.

3) 상호 동사의 'se'
   • **José y María se aman.** 호세와 마리아는 서로 사랑한다.

4) 수동의 'se'
   • **Se vendieron libros ayer.** 책들은 어제 팔렸다.

5) 무인칭의 'se'
   • **Aquí se vende pan.** 이곳에서 빵을 팝니다.

6) 강조의 'se' (이해의 'se')
   • **Se comió la carne de pollo.** 닭고기를 먹었다.

7) 무의지의 'se'
   • **Se me olvidó su nombre.** 나는 그의 이름을 잊어 버렸다.
   • **Se me perdió el dinero.** 나는 돈을 잃어버렸다.

8) se가 있으면 의미가 변한다.
   • **El durmió bien** 잠을 잘 잤다.
   • **Se durmió.** 잠들어 버렸다.

1. ¿ Qué hiciste ayer, Jaime ? 하이메, 너는 어제 무엇을 했니 ?

Ayer, estuve en casa todo el día. 어제 나는 하루종일 집에 있었어.

Leí el periódico y vi la televisión todo el día. 하루종일 신문을 읽고 TV 를 보았어.

2. Discúlpame por llegar tarde. 늦게 와서 미안해.

No te preocupes. 걱정하지마.

3. ¿ Qué le parece si vamos a la discoteca ? 우리 디스코 텍에 가는 게 어때 ?

Estupendo. (Lo siento. Estoy cansado.) 좋은 생각이야. (미안해, 나는 피곤해.)

4. ¿ Dónde estuvo usted ayer ? 당신은 어제 어디에 있었습니까 ?

Ayer estuve en la biblioteca. 어제 나는 도서관에 있었습니다.

5. ¿ Cómo viniste desde Madrid hasta aquí ? 너는 마드리드에서 여기까지 어떻게 왔니?

Vine en avión, en el Jumbo 747. 747 점보기를 타고 왔어.

❖ 필수회화 ❖

❶ 영화 구경 약속을 할 때 ▬▬▬▬▬▬▬▬▬▬▬▬▬▬

• **¿ Quieres ir al cine o al teatro ?** 영화 보러 갈래 아니면 연극 보러 갈래 ?

• **Prefiero ir al cine.** 난 영화보러 가고 싶은데.

• **Me da igual.** 아무래도 좋아.

• **¿ Quedamos a las 9 en la puerta del cine ?** 9시에 영화관 입구에서 만날까 ?

• **Vale, muy bien.** 그래, 좋아.

❷ 커피 초대 ▬▬▬▬▬▬▬▬▬▬▬▬▬▬

• **¿ Quiere tomar café ?** 커피 드시겠읍니까 ?

• **No, gracias. No tomo café.** 아니오, 감사합니다. 저는 커피를 마시지 않습니다.

• ¿ Y un té ? 그러면 차는요 ?

• **Bueno, un té sí, gracias.** 좋습니다. 차는 좋습니다. 감사합니다.

❸ 데이트 신청을 할 때 ▉▉▉▉▉▉▉▉▉▉▉▉▉▉▉

• ¿ **Salimos esta tarde, María** ? 오늘 오후에 나갈래, 마리아?

• **Bueno, ¿a qué hora quedamos** ? 좋아, 몇시에 만날까 ?

• **A las 8 en tu casa, ¿ vale** ? 너희 집에서 8시에, 괜찮니 ?

• **De acuerdo, hasta luego.** 좋아, 나중에 봐.

❖ 연습문제 ❖

A. 직설법 단순과거로 인칭 변화시키시오.

　　보기 : ¿ **Dónde** <u>estuvo</u> **usted ayer** ? (estar)

1. **Ellos** _____ **mucho el domingo.** (dormir)

2. **En la playa** _____ **mucha gente en este verano.**
   (haber)

3. **Tú**_____ **a la escuela.** (venir)

B. 다음을 스페인어로 옮기시오.

1. 나는 2시에 플라사 데 에스빠냐 (Plaza de España) 에 도착하였다.

2. 우리는 일주일 전에 재미있는 영화를 함께 보았다.

3. 공원에 가는 게 어떠니?

C. 괄호안의 동사를 단순과거나 계속과거로 고치시오.

1. Cuando yo (entrar) en la habitación, mi madre (leer) una novela.

2. Cuando nosotros (ser) niños, (vivir) en el campo.

3. Ellos (ir) a ir a Pusan, pero no (ir)

4. (Entrar) en la universidad cuando yo (tener) veinte años.

5. Cuando él (volver) a casa, (ser) las diez de la noche.

해   답

A. 1. durmieron 2. había 3. viniste

B. 1. Yo llegué a la Plaza de España a las dos.
   2. Vimos juntos una película interesante hace una semana.
   3. ¿Qué te parece si vamos al pargue?

C. 1. entré, leía 2. éramos, vivíamos 3. iban, fueron
   4. Entré, tenía 5. volvió, eran

Bésame mucho

Bésame, Bésame mucho
Como si fuera esta noche la última vez
Bésame, Bésame mucho
Que tengo miedo perderte perderte otra vez
Quiero tenerte muy cerca mirarme en tus ojos
verte junto a mí
Piensa que tal vez mañana yo ya estaré lejos muy lejos de ti
Bésame bésame mucho
Como si fuera esta noche la última vez
Bésame Bésame mucho
Que tengo miedo perderte perderte amor.

뜨겁게 키스해 주세요.

키스해 주세요, 뜨겁게 키스해 주세요.
마치 오늘밤이 마지막인 것처럼.
키스해 주세요, 뜨겁게 키스해 주세요.
나는 또다시 당신을 잃을 것만 같아 두려워요.
내곁에 가까이 당신을 두고,
당신의 눈동자에 내 모습을 새겨두고 싶어요.
내일이 되면 혹시라도 당신으로부터
멀리 떨어져 있을 것만 같아요.
키스해 주세요, 뜨겁게 키스해 주세요.
마치 오늘밤이 마지막인 것처럼.
키스해 주세요, 뜨겁게 키스해 주세요.
나는 당신을 잃을 것만 같아 두려워요.
내사랑이여 !

LECCION

— 6 — ¿Qué has hecho hoy?

Juan : Hola, Pedro. ¡ Cuánto tiempo sin verte !

Pedro : ¡Hola!, Juan. Te he telefoneado durante toda la mañana.

Juan : ¿ Qué has hecho hoy ?

Pedro : He ido al Museo Nacional esta tarde con mis colegas. En este museo hay muchos objetos artísticos incluyendo la corona de oro de la dinastía Sinla.

Juan : El Museo Nacional es la casa de los tesoros culturales de la nación. El celadón de Koryo y la porcelana blanca de Chosun son famosos en todo el mundo.

Pedro : ¿ Has visitado el Museo Nacional de Arte Contemporáneo ?

Juan : Sí, lo visité varias veces. Hay una amplia co-
lección de objetos de arte coreanos y occidentales
del siglo XX.

Pedro : ¿ Conoces también el Palacio Real Kyongbok que
está al lado del Museo Nacional ?

Juan : Sí. he ido allí muchas veces para pasear con mi
familia. Había siempre mucha gente en el
palacio. Muchos turistas extranjeros visitaban
tanto el museo como el palacio para saber bien de
la cultura coreana.

Pedro : ¿ Conoces bien Seúl ?

Juan : Sí, cómo no. Seúl es la capital de la nación desde
hace 600 años cuando el reino Chosun fue estable-
cido.

Pedro : De los 43 millones de habitantes de Corea, más
de 10 millones viven en Seúl, el centro de la
política, economía, comercio y la cultura.

Juan : **Los coreanos generalmente son sinceros, diligentes, amigables y hospitalarios.**

본문번역 ●────────────────────

제6과 너는 오늘 무엇을 했니?

후 안 : 안녕, 뻬드로. 정말 오래간만이구나.

뻬드로 : 안녕, 후안. 아침내내 네게 전화를 했었는데.

후 안 : 오늘 뭐 하고 지냈니?

뻬드로 : 오후에 친구들하고 같이 국립 박물관에 갔었지. 이 박물관에는 신라 왕조의 금관을 포함해 아주 많은 예술 작품들이 있어.

후 안 : 국립 박물관은 이 나라의 보물 창고이지. 고려 시대의 청자와 조선 시대의 백자는 전 세계에 유명하지.

뻬드로 : 현대 국립 미술관도 가 보았니?

후 안 : 그래, 그곳엔 여러 번 가 보았지. 그 박물관은 20세기 한국과 서양의 다양한 예술 작품들을 소장하고 있단다.

뻬드로 : 국립 박물관 옆에 있는 경복궁도 가본 적이 있니?

후 안 : 그래, 그곳에도 산책하러 가족들과 함께 여러 번 가보았단다. 그곳엔 늘 많은 사람들로 붐비지. 수많은 외국인들이 한국의 문화를 이해하기 위해 고궁들 외에 여러 박물관들도 방문한단다.

뻬드로 : 서울을 잘 알고 있겠네?

후 안 : 그럼, 물론이지. 서울은 조선 왕조가 세워진 600년 전부터 줄곧 이

나라의 수도였는걸.

뻬드로 : 4천 3백만 명의 한국 인구들 가운데 천만 명 이상의 인구가 정치, 경
제, 무역, 문화의 중심지인 이곳 서울에 살고 있단다.

후 안 : 한국 사람들은 대체로 성실하고 부지런하며 다정다감하고 또한 친절
하단다.

새로운 단어 ●────────────────────────

museo ㉑ 박물관, 미술관

colega ㉑ 동료

artístico(─ca) ㉡ 예술의

corona ㉔ 왕관

dinastía ㉔ 왕조, 왕가

cultural ㉡ 문화의, 교양의

porcelana ㉔ 도자기

vario(─ria) ㉡ 다양한

amplio(─plia) ㉡ 넓은

palacio ㉑ 궁전

al lado de ─ 옆에

reino ㉑ 왕국, 제국

politica ㉔ 정치, 정치학

sincero(─ra) ㉡ 성실한, 성의있는

nacional ㉡ 나라의, 국가의

objeto ㉑ ① 물건 ② 목적, 목표
③ 객체, 대상

incluir ㉵ 포함하다

oro ㉑ 금, 황금

tesoro ㉑ 보물, 보고

celadón ㉑ 청자

blanco(─ca) ㉡ 흰색의

contemporáneo(─a) ㉡ 동 시대의,
현대의

occidental ㉡ 서양의, 서쪽의

real ㉡ ① 현실의 ② 왕의

capital ㉔ 수도, 서울 ㉑ 자본, 자금

millón ㉑ 100만

64 제6과 너는 오늘 무엇을 했니 ?

amable ⑱ 상냥한, 친절한   economía ㉔ 경제

diligente ⑱ 근면한, 부지런한   comercio ㉢ 무역, 상업

hospitalario, (−ria) ⑱ 자선의, 친절한

본문연구 ●————————————————————

1. Te he telefoneado.

'전화를 걸다.' 라는 뜻으로 llamar por teléfono 라고 표현할 수 있다.

• Te he telefoneado. = Te he llamado por teléfono.

2. Toda la mañana, todo el día

'아침내내', '하루종일'을 나타내는 관용구이다. 반면 todas las mañanas, todos los días 는 '아침마다', '매일 (=cada día)' 의 뜻이다.

3. ¿Conoces también el Palacio Kyongbok?

'경복궁에 가본 적이 있습니까?' 라는 뜻으로 conocer동사가 지명과 함께 쓰면 '가본 적이 있느냐?' 라는 의미를 갖는다.

4. Había siempre mucha gente.

'항상 많은 사람들이 있다.' Había는 무인칭으로 Hay의 불완료 과거형이다. (단수, 복수에 함께 쓰인다)

문법해설 ●────────────────────

1. 과거 분사의 형태

1) 규칙

- ar (- ado)	- er(-ido)	-ir (- ido)
habl-ado	com-ido	recib-ido
encontr-ado	beb-ido	sal-ido
est-ado	ten-ido	viv-ido

2) 불규칙 과거분사형

hacer - hecho	poner - puesto	escribir - escrito
ver - visto	volver - vuelto	poner - puesto
decir - dicho	cubrir - cubierto	abrir - abierto
※ leer - leído	creer - creído	

2. 현재 완료

1) 형태

haber 동사의 직설법 현재 + 과거 분사

he	hemos	hablado
has	habéis	comido
ha	han	vivido

Haber(현재)+과거 분사

(도해)

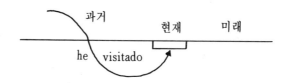

2) 용법

①경험 (-한 적이 있다)

• <u>He estado</u> en París tres veces. 파리에 세 번 간 적이
있다.

• <u>Hemos ido</u> al Museo dos veces esta semana. 이번 주
에 우리는 박물관에 두 번 갔었다.

②결과

• La industria <u>ha progresado</u> mucho. 산업은 매우 발전
하였다.

• En este siglo el hombre <u>ha hecho</u> numerosos
inventos. 금세기에 인류는 수많은 발명을 하였다.

③계속 (-을 계속해 왔다)

• <u>He estado</u> de pie tres horas. 나는 세 시간 동안이나
서 있었다.

• <u>Hemos esperado</u> a María. 우리는 마리아를 기다리고 있었다.

④ 완료 (-을 다 끝냈다)

가까운 과거에 일어난 것에 자주 쓰며 끝나지 않은 시간 단위 내에 행위가 완료되어 있는 것을 말한다.

• Esta mañana <u>me he levantado</u> a las ocho. 오늘 아침 나는 여덟 시에 일어났다.

• Hoy <u>hemos ido</u> a Segovia. 오늘 우리는 세고비아에 갔었다.

3. 현재 완료와 단순과거 문장의 비교

문장에 따라서 현재완료 혹은 부정과거 시제중 어느 것을 사용하느냐는 시간의 부사에 따라 구분한다.

<u>Hoy</u> he estado en el teatro. 오늘 나는 연극보러 갔었다.	<u>Ayer</u> estuve en el teatro. 어제 나는 극장에 갔었다.
<u>Esta semana</u> he tenido mucho trabajo. 금주에 나는 일이 많다.	<u>La semana pasada</u> tuve mucho trabajo. 지난 주에 나는 일이 많았다.
<u>Esta noche</u> ha llovido mucho. 오늘 저녁 비가 많이 내렸다.	<u>Anoche</u> llovió mucho. 어젯밤 비가 많이 내렸었다.

※ 현재 완료 시제를 써야 할 시간의 부사

hoy, hasta ahora, nunca, esta mañana, este año, este mes ....

※ 단순과거 시제를 써야 할 시간의 부사

ayer, anoche, el año pasado, la semana pasada, el mes pasado…

4. 감탄문을 만드는 법

1) Cuánto + 명사

- Me hicieron muchas preguntas. → ¡Cuántas preguntas! 질문이 많기도 해라!

- Hay mucho dinero en la caja. → ¡Cuánto dinero! 돈이 많기도 해라!

- Hay mucha gente en la calle. → ¡Cuánta gente! 사람들이 참 많구나!

2) Qué + 형용사

- Estoy cansado. → ¡Qué cansado estoy! (나는) 얼마나 피곤한가!

- Aquel edificio es alto. → ¡ Qué alto es aquel

edificio! 저토록 높은 저 건물!

• Aquellas chicas son jóvenes. → ¡ Qué jóvenes son aquellas chicas! 저토록 젊은 소녀들!

문 장 연 습

1. ¿ Qué has hecho en este verano? 이번 여름에 뭘 했니?

   He estado en México, en un viaje organizado. 나는 멕시코로 그룹 여행을 갔었어.

   He viajado muy bien. ¿ Conoces México ? 나는 여행을 잘 했다. 너는 멕시코에 가보았니?

   Sí, estuve allí hace dos años. 그래, 2년 전에 그곳에 가보았어.

2. ¿ Qué ha hecho usted en este invierno ? 이번 겨울에 당신을 무엇을 하였습니까?

   Pues yo no he salido de España. 스페인 밖으로 나가 보지를 않았습니다.

   En diciembre fui a la montaña y en enero estuve en el

pueblo, en casa de mis padres. 12월에는 산에 갔었고 1월에는 우리 부모님이 계신 시골에 있었습니다.

3. **Oye, ¿ te apetece un cigarrillo ?** 이봐, 담배 한대 피울래 ?
No, gracias. He dejado de fumar. 고맙지만 싫어. 나는 담배를 끊었어.
¡ Qué suerte ! Yo lo he intentado, pero no puedo. 다행이군. 나 역시 시도해 보았지만 잘 안 돼.
Nada es imposible, hombre. 이봐, 무엇이든 하면 된단다.
Es cuestión de voluntad. 의지의 문제지.

❖ 필수회화 ❖

❶ 자동차가 고장 났을 때

- **¿ Qué le pasa al coche ?** 자동차에 문제가 있습니까 ?
- **Se ha pinchado una rueda.** 바퀴가 빵구 났어요.
- **La batería está descargada.** 밧데리가 닳아버렸네요.
- **No arranca.** 시동이 안 걸립니다.
- **No funcionan las luces.** 불이 안들어 옵니다.

- **Hace un ruido raro al frenar.** 제동시에 이상한 소음이 납니다.
- **Se ha quedado sin gasolina/ aceite/ agua.** 가솔린/엔진 오일/ 냉각수가 없군요.

❷ 자동차를 주차 할 때 ▌▬▬▬▬▬▬▬▬▬▬▬▬

- **¿ Dónde puedo aparcar ?** 어디에 주차할 수 있나요 ?
- **¿ Hay un estacionamiento cerca de aquí?** 이 근처에 주차장이 있습니까 ?
- **¿ Dónde está el garaje cerca de aquí?** 이 근처에 차고가 어디 있습니까 ?
- **¿ Cuánto cuesta por hora?** 시간당 얼마이지요 ?
- **¿ Tiene suelto para el parquímetro ?** 주차 미터기에 넣을 잔돈 이 있습니까 ?

❖ 연습문제 ❖

A. 현재 완료 시제로 쓰시오.

보기 : Yo (he visto) a Juan esta mañana. (ver)

1. Tú _____ el trabajo esta mañana. (hacer)

2. El _____ una carta a sus padres. (escribir)

3. ¿ _____ tú el Museo del Prado ? (visitar)

B. 스페인어로 옮기시오.

1. 나는 이번주에 영화를 4편이나 보았습니다.

2. 당신은 스페인에 가보셨습니까?

3. 금년에 우리는 수출을 많이 했습니다.

4. 나는 오늘 부모님께 편지를 한통 썼습니다.

5. 너는 제주도에 가보았니?

해 답

A. **1.** has hecho **2.** ha escrito **3.** Has visitado

B. **1.** He visto cuatro películas esta semana.

2. ¿Ha estado en España? (¿Conoce España?)

3. Este año hemos exportado mucho.

4. Hoy he escrito una carta a mis padres.

5. ¿Has estado en la Isla de Cheju?

El Taekwondo es amado por todos los jóvenes.

Cuando yo era niño, era muy aficionado al fútbol. La mayoría de los jóvenes son muy aficionados a los deportes y tienen la oportunidad de practicar deportes tales como el fútbol, baloncesto, tenis, volibol y béisbol. En España, el fútbol tiene mucha popularidad y los jugadores de fútbol son amados por todo el pueblo.

Jaime : ¿ Qué deporte te gusta más?

Kim   : Me gusta más el Taekwondo, deporte de origen coreano. En nuestro país el Taekwondo es practicado por muchos jóvenes, ¿ no lo sabías?

Jaime : ¿ Dónde lo practicas?

Kim   : Yo lo practico todos los días en un gimnasio que está cerca de mi casa. El maestro Kim nos enseña amablemente. Hoy día a los coreanos les gusta mucho el Taekwondo, y casi en todas las ciudades de Corea hay muchos gimnasios.

Jaime : ¿ Cómo es el Taekwondo?

Kim : El Taekwondo es una especie de lucha. Es un deporte muy fuerte y práctico. Pero no es difícil aprenderlo. He oído decir que en España hay miles de personas que practican este deporte, ¿es verdad?

Jaime : Sí, el Taekwondo es amado por todos los jóvenes españoles.

Kim : A propósito, ¿ has ido esta tarde al estadio nacional para ver el partido de fútbol entre España y México?

Jaime : No, no pude verlo. Cuando llegué al estadio, ya se habían agotado las entradas.

Kim : ¡ Qué lástima !

제7과 : 태권도는 모든 젊은이들로부터 사랑받는다.

어렸을 적에 난 축구에 심취했었다. 대부분의 젊은이들은 운동에 빠져 있으며 축구나 농구, 테니스, 야구 등과 같은 운동을 할 수 있는 기회를 가지게 된다. 스페인에서는 축구가 큰 인기를 얻고 있고 축구 선수들은 대중의 사랑을 받고 있다.

하이메 : 넌 어떤 운동을 좋아하니?

김　　 : 난 한국 고유의 운동인 태권도를 가장 좋아해. 우리 나라에서는 많은 젊은이들이 태권도를 열심히 연습하고 있어. 몰랐니?

하이메 : 넌 어디서 연습하는데?

김　　 : 난 매일 집 근처에 있는 체육관에서 연습한단다. 우리 김 사범님은 자상하게도 가르쳐 주시지. 오늘날 많은 한국 사람들이 태권도를 좋아하고 있으며 한국의 거의 모든 도시에 체육관이 많지.

하이메 : 태권도는 어떤 거야?

김　　 : 태권도는 격투의 일종이지. 매우 격렬하고 또한 실질적인 운동이야. 하지만 배우기도 어렵지 않아. 내가 듣기로는 스페인에도 수많은 사람들이 이 운동을 하고 있다고 하던데, 사실이니?

하이메 : 그래, 태권도는 모든 서반아 젊은이들의 사랑을 받고 있단다.

김　　 : 그런데, 오늘 오후에 벌어진 스페인과 멕시코의 축구 경기를 보러 국립 경기장에 갔었니?

하이메 : 아니, 볼 수가 없었어. 운동장에 도착했을 땐 이미 표가 다 매진되고 없었어.

김　　 : 저런, 정말 안됐다.

새로운 단어 ●────────────────────────────

Taekwondo ㉯ 태권도

fútbol ㉯ 축구

deporte ㉯ 운동

oportunidad ㉐ 기회, 적절

baloncesto ㉯ 농구

volibol ㉯ 배구

popularidad ㉐ 인기, 통속성

origen ㉯ 근원, 기원

ciudad ㉐ 도시

lucha ㉐ 싸움, 투쟁

fuerte ㉧ 강한, 튼튼한

aprender ㉣ 배우다

propósito ㉯ 목적, 의도

entrada ㉐ 입장, 입장권

lástima ㉐ 연민, 유감

amar ㉣ 사랑하다

aficionado(-da) ㉧ -을 심취하는

mayoría ㉐ (1) 연장자, (2) 대다수

practicar ㉣ 연습하다, 실행하다

tenis ㉯ 테니스

béisbol ㉯ 야구

jugador ㉯ 선수

gimnasio ㉯ 체육관

construir ㉣ 건설하다

especie ㉐ 종류

práctico(-ca) ㉧ 실질적인, 실용적
인

mil ㉹ 천 ㉞ 천(千)의

juego ㉯ 놀이, 유희

agotarse ㉤ 고갈되다, 매진되다

본문연구 ●━━━━━━━━━━━━━━━━━━━━━━━

1. La mayoría de los jóvenes son muy ...

La mayoría (= La mayor parte) 에서 mayor 는 grande 의 우등 비교급으로 '대부분' 의 뜻으로 해석된다. 이 구문은 의미상으로 복수라서 동사를 3인칭 복수로 받지만, 많은 경우에 단수로 받기도 함을 기억해 두어야 한다.

2. Los jugadores de fútbol son amados por todo el pueblo.

보통 수동태에서 행위자 앞에 전치사 por 를 많이 쓴다.

3. ¿ Qué deporte te gusta más ?

gustar 의 의미상의 주어는 deporte 이며 여기서 qué는 의문 형용사이다. gustar 동사와 함께 '가장 좋아하는 것' 이라는 뜻을 나타내는 부사 más는 최상급 일지라도 부사이기 때문에 정관사는 필요하지 않다.

4. En nuestro país el Taekwondo es practicado por muchos jóvenes, ¿ no lo sabías ?

수동태의 문장이다. 행위자 앞에 por 를 써서 '-에 의해서' 라고 해석된다. 그러나 본문에서는 태권도를 연습하는 주체가 결국 많은 젊은이들이기 때문에 굳이 수동태로 번역할 필요가 없다. 문맥에 따른 자연스러운 해석이 필요하다.

문법해설 ●━━━━━━━━━━━━━━━━

1. 과거 완료

1) 형태 : haber (불완료 과거) + 과거 분사

(도해)

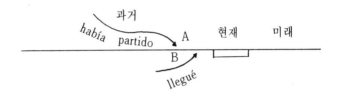

2) 용법

어느 과거의 행위보다 훨씬 앞서 그 이전에 이루어진 행위를 표현할 때 사용
된다.

• Cuando llegué a la estación, el tren ya había partido.
  내가 역에 도착했을 때는 이미 기차는 떠나버린 후였다.

• El me dijo que había escrito una carta en español.
  그는 스페인어로 편지 한 장을 썼었다고 내게 말했다.

2. 수동태

수동태는 목적어를 강조하기 위하여 사용하는 문장 형태 중의 하나이다.

1) 형태 : ser 동사 + 과거분사 + por

• El fuego destruyó la casa. (activa)

→ La casa fue destruida por el fuego. (pasiva)

위의 능동태 문장에서 화자는 그의 관심을 행위하는 주어에 둔다. (el fuego) 그러나 수동태의 문장에서는 관심의 중심은 (la casa) 이다. 두 문장은 같은 의미를 지니지만 유일한 차이는 우선적으로 중요시되는 단어에 대한 관심의 차이이다.

　　(주어)　　　(동사)　　(목적어)

　　El fuego　　destruyó　　la casa

　　La casa　　fue destruida por　 el fuego

　　(주어)　　(ser + 과거분사)　(행위자)

2) 'ser + 과거분사'의 현재와 계속과거형은 순간적인 수동 행위에는 사용하지 않는다.

　　a. La puerta es abierta por el portero. 문은 수위에 의해 열린다.

　　b. El portero abre la puerta. 수위는 문을 연다.

　　c. El niño era besado por su madre. 아이는 어머니에 의해 입맞춤을 당했다.

　　'문은 (지금) 수위에 의해 열려진다.'라는 의미로는 a 를 쓰지 않고 능동 태인 b 만 쓴다. c 표현은 반복적인 행위를 말한다.

3) 행위자 앞에 쓰는 전치사는 '-에 의해'의 뜻에는 por를, 정신적, 감정적 내용일 때는 de를 쓴다.

a. El hueso fue comido por los perros. 뼈다귀는 개들이 먹어치웠다.

b. Los niños fueron mordidos por el perro. 아이들은 개들에 의해 물렸다.

c. La comida ha sido amada de María. 그 음식은 마리아가 좋아했다.

4) 수동의 "se"용법

La casa se destruyó por el fuego. 집은 불에 타서 무너졌다.

서반아어에서는 'ser + 과거분사'보다 수동의 'se'를 많이 사용한다.

문 장 연 습

1. ¿ Qué deporte les gusta más a los latinoamericanos? 중남미 사람들은 어떤 운동을 제일 좋아 합니까 ?

• Naturalmente les gusta más el fútbol. 물론 축구를 제일 좋아 하지요.

¿ Te gusta jugar al fútbol? 당신도 축구를 좋아 합니까 ?

• Sí, me gusta muchísimo. 네, 엄청나게 좋아합니다.

2. ¿ Sabes practicar el Taekwondo? 태권도 할 줄 아세요 ?

• **Sí, lo practico todos los días en el gimnasio.** 네, 저는 매일 체육관에서 연습합니다.

• **El Taekwondo es un deporte muy útil.** 태권도는 매우 유용한 운동입니다.

3. **¿ Qué te gusta más el Taekwondo o el judo?** 태권도와 유도 중 어느 것을 좋아 합니까 ?

Naturalmente me gusta más el Taekwondo. 물론 태권도를 좋아 합니다.

4. **¿ A qué hora llegaste a la estación?** 몇 시에 역에 도착하였습니까?

Eran las dos y cuatro. Ya había salido el tren cuando yo llegué.

2시 4분이었습니다. 내가 도착했을때 이미 기차는 떠나고 없더군요.

❖ 필수회화 ❖

❶ 'no hace falta' '~할 필요가 없다.'의 표현법. ▨▨▨▨▨▨

- **Si vamos al partido de fútbol, reserva la entrada.**
  우리가 축구 경기를 보려면 표를 예약해라.

  No hace falta. No hay mucha gente. 필요없어. 사람이 많지 않아.

- **Me voy a jugar al tenis.** 나는 테니스를 치려고 합니다.

- **¿ Tienes que reservar cancha ?** 코트를 잡아 놓아야 되잖아 ?

- **No, no hace falta. Siempre hay alguna libre.** 아니, 그럴 필요 없어. 늘 빈 코트가 있거든.

❷ 학원, 학교에 등록할 때. ▨▨▨▨▨▨▨▨▨▨

- **Quiero matricularme en este instituto.** 나는 이 학원에 등록하고 싶습니다.

- **¿ En qué idioma?** 무슨 외국어를 ?

- **En español.** 스페인어이지요.

- **Toma un sobre. Tienes que rellenarlo con tus datos. Luego tienes que pagar en el banco y volver aquí.** 이 용지를 받으시

오. 인적 사항을 기입한 후 은행에 가서 돈을 내고 나서 여기로 다시
와야만 합니다.

• ¿ Se puede pagar aquí, en la Secretaría ？ 여기 사무처에서
돈을 낼 수 있나요?

• No, no se puede. 아니, 안됩니다.

❸ 각종 증명서의 명칭 █████████████████

• Documento Nacional de Identidad. 신분 증명서(=주민등록증)

• Pasaporte. 여권

• Carnet de Conducir. 운전 면허증

• Certificado de Estudios. 성적 증명서

• Partida de Nacimiento. 출생 증명서

❖ 연습문제 ❖

A. 보기와 같이 수동문으로 바꾸시오.

　보기 : Todos quieren a María.

　　　　María es querida por todos.

1. María canta una canción.

2. Las dependientes adornan el escaparate.

3. Recibimos a nuestros amigos.

B. 스페인어로 옮기시오.

1. 스페인에서 축구 선수는 모든 사람에 의해 사랑을 받는다.

2. 태권도는 많은 학생들에 의해 연습된다.

3. 나는 태권도를 배우고 싶다.

C. 지문을 읽고 답하시오.

Yo me acuerdo 1) _____un dicho. "Quien no ha visto Granada no ha visto 2) _____.

La ciudad de Granada, sin duda, es una de las ciudades más hermosas y más históricas de España. En una colina 3) _____ la Alhambra, antiguo castillo y palacio de los reyes moros.

1. 1) 에 알맞은 전치사는?

2. 2) 에 들어갈 부정어는?

3. 3) 에 들어갈 동사로 está와 hay 중에서 적합한 형태는?

A. 1. Una canción es cantada por María.

   2. El escaparate es adornado por las dependientes.

   3. Nuestros amigos son recibidos por nosotros.

B. 1. En España los futbolistas son amados por todos.

   2. El Taekwondo es practicado por muchos alumnos.

   3. Quiero aprender el Taekwondo.

C. 1. de 2. nada 3. está

— 8 — ¿Qué estás haciendo?

Jaime : ¿Qué estás haciendo?

Carlos : Estoy leyendo una revista que trata de la cultura española. Yo aprendo muchas cosas sobre la vida española leyendo revistas.

Jaime : ¿Qué has aprendido hasta ahora?

Carlos : En España la gente almuerza a las 2 o a las 3 de la tarde. Después del almuerzo los españoles duermen un rato la siesta, sobre todo, en verano.

Jaime : Entonces, ¿a qué hora cenan los españoles?

Carlos : A las nueve o a las diez de la noche cenan. Especialmente durante el fin de semana, hay mucha gente en la calle a las 11 de la noche : unos pasean y otros están sentados en las cafeterías charlando y tomando el fresco.

Jaime : ¿A qué hora se abre el teatro en España?

Carlos : Las representaciones en los teatros no comienzan hasta las nueve y mucha gente se va a la cama después de la medianoche.

Jaime : ¿Qué vas a hacer este fin de semana?

Carlos : Iré a la plaza de toros con unos amigos.

Jaime : ¿Cómo es la corrida de toros?

Carlos : La corrida de toros es un espectáculo muy popular en España aunque no les gusta tanto a los extranjeros.

Jaime : Hoy día muchos consideran que la corrida de toros es muy cruel, ¿no es verdad?

Carlos : Sí, pero el vencer la agresividad de un toro es un triunfo público para el torero y un secreto para muchos aficionados.

Jaime : No estoy de acuerdo contigo.

제8과 무엇을 하고 있니?

하 이 메 : 뭐하고 있니?

까를로스 : 스페인 문화에 관해 다룬 잡지를 읽고 있어. 삽지늘을 읽으면서 난
스페인 사람들의 생활에 관해 많은 것을 배운단다.

하 이 메 : 지금까지 무얼 배웠는데?

까를로스 : 스페인에서는 사람들이 오후 2-3시 경에서야 점심을 먹지. 점심을
먹고 난 다음 스페인 사람들은 시에스따라고 불리는 낮잠을 잠깐동
안 잔단다. 그것도 특히 여름에 말이야.

하 이 메 : 그렇다면, 스페인 사람들은 몇 시에 저녁을 먹니?

까를로스 : 밤 9시나 10시가 되어서야. 특히 주말에는 밤 11시가 되도록 거리에
사람들이 북적댄단다. 어떤 사람들은 산보를 하고, 또 다른 사람들
은 까페에 앉아 음료수라도 마시면서 이야기를 하기도 하지.

하 이 메 : 스페인에서는 몇 시쯤 극장들이 문을 여니?

까를로스 : 극장에서의 공연은 저녁 9시가 넘어야 시작된단다. 그래서 많은 사
람들이 밤 12시가 넘어야 잠자리에 든단다.

하 이 메 : 넌 이번 주말에 무엇을 할 생각이니?

까를로스 : 친구들하고 투우장에 갈 생각이야.

하 이 메 : 투우는 어떤 경기니?

까를로스 : 비록 외국인들은 그리 좋아하지 않지만 투우는 스페인에서 굉장히
인기있는 볼거리란다.

하 이 메 : 요즘 많은 사람들이 투우가 잔인하다고 생각하고 있지 않니?

까를로스 : 그래, 하지만 황소의 공격을 물리치는 것은 투우사에게는 큰 승리
요, 많은 애호가들에게는 비밀이기도 하지.

하 이 메 : 그 말에는 동의하지 않아.

새로운 단어 ●───────────────────

revista ㉐ ① 잡지 ② 조사

almorzar ㉜ 점심을 먹다

cenar ㉜ 저녁을 먹다

fresco ㉖ 청량음료

toro ㉖ 투우소

considerar ㉕ 고려하다

cruel ㉗ 잔인한

triunfo ㉖ 승리, 성공

secreto, (−ta) ㉗ 비밀의, 은밀한

acuerdo ㉖ 의견의 일치

cama ㉐ 침대

tratar ㉕ 다루다, 취급하다

siesta ㉐ 눈금, 낮잠

cafetería ㉐ 까페

fin ㉖ 끝, 종말

corrida ㉐ 질주

espectáculo ㉖ 흥행물

agresividad ㉐ 공격성, 가해

torero ㉖ 투우사

aficionado(−da) ㉗ -에 열중하는
㉖ 애호가

representación ㉐ 공연, 상연

본문연구●────────────────────────

1. **Estoy leyendo una revista que trata de…**

   tratar de는 '-을 다루다.' '논하다.' '취급하다.'라는 뜻이다.

2. **leyendo la revista…**

   분사 구문으로 여기서는 설명적 용법으로 ' -하면서 '의 뜻으로 번역된다.

3. **Las representaciones no comienzan hasta las nueve…**

   no comienzan hasta las nueve는 '9시가 되기 전에는 시작하지 않는다.' 즉 '9시가 지나야 시작한다.'라고 해석하는 것이 자연스럽다.

4. **¿Cómo es la corrida de toros?**

   corrida는 '달리기' '질주'라는 뜻을 지닌 명사이나 여기서는 la corrida de toros 전체가 '투우 경기'를 지칭하고 있다.

5. **Contigo,** '너와 함께'

전치사 con과 함께 인칭대명사 tú가 표현될 때에 con tú가 아니라 con-tigo라는 단어로 쓰인다. (conmigo, 나와 함께)

문법해설 ●────────────────────

1. 현재 분사(Gerundio)

스페인어의 현재 분사는 제 1변화형 동사의 경우 어미의 **-ar** 대신에 **-ando**를 사용하고, 제 2변화형 동사의 경우에는 어미인 **-er**와 **-ir** 대신에 **-iendo**를 사용하여 규칙적으로 만든다. 영어의 현재분사와 스페인어의 현재분사와의 차이는 영어는 형용사적인 역활이 있지만 스페인어에는 그같은 용법이 없다는 점이다. 스페인어의 현재 분사는 동사의 상황적 보어 역활을 한다. 다시 말하면 부사적 성격을 띠고 있으며 따라서 형태가 변화하지 않는다.

a) a running dog → un perro que corre

b) the people living in Tokio → la gente que vive en Tokio

그러나 두 개의 예외가 있다.

• el agua hirviendo 끓는 물

• la casa ardiendo 불타는 집

1) 규칙변화

-ar (-ando)	-er (iendo)	-ir (-iendo)
trabaj-**ando**	com-**iendo**	viv-**iendo**
habl-**ando**	beb-**iendo**	escrib-**iendo**
mir-**ando**	pon-**iendo**	abr-**iendo**

2) 불규칙변화

poder	pudiendo	seguir	siguiendo
sentir	sintiendo	decir	diciendo
pedir	pidiendo	traer	trayendo
venir	viniendo	caer	cayendo
leer	leyendo	oír	oyendo
ir	yendo	morir	muriendo
creer	creyendo	dormir	durmiendo

※ 불규칙형은 직설법 단순과거 3인칭 변화형에 어미를 붙인다.

2. 현재 진행형

Estar(현재)+현재 분사

Yo	estoy	
Tú	estás	
El	está	pintando
Nosotros	estamos	escribiendo
Vosotros	estáis	bebiendo
Ellos	están	

※ 스페인어에서 현재진행형은 직설법 현재시제로도 흔히 표현된다.

3. 현재분사＋목적대명사

1) El está esperando el autobús. 그는 버스를 기다리고 있다.
   * Lo está esperando.
   * Está esperándolo.
2) Estoy leyendo la novela española. 나는 스페인 소설을 읽고 있다.
   * La estoy leyendo.
   * Estoy leyéndola.

문 장 연 습

1. **¿Qué está haciendo usted?** 당신은 무엇을 하고 계십니까?
   Estoy leyendo un libro sobre la vida española. 스페인 생활에 관한 책을 읽고 있습니다.

2. **¿Qué está estudiando ahora en la Universidad?** 대학에서 무엇을 공부하고 계십니까?
   Estoy estudiando la literatura española. 스페인 문학을 공부하고 있습니다.

3. ¿Qué está haciendo en la oficina? 사무실에서 무엇을 하고 계십니까?

Estoy preparando un informe para la junta directiva. 이사회에 제출할 보고서를 준비 중입니다.

4. ¿Qué está tomando ahora? 지금 무엇을 들고 계십니까?

Estoy tomando un cubalibre (ron con coca-cola). 나는 럼과 코카콜라를 섞은 꾸바리브레를 마시고 있읍니다.

5. ¿A qué hora sale el avión para París? 몇 시에 파리 행 비행기가 출발합니까?

Sale a las 5 menos cuarto. 4시 45분에 출발합니다.

6. ¿De qué está hablando usted? 무엇에 관해 이야기하고 계십니까?

Estoy hablando de la situación política de Chile. 칠레의 정치 상황에 관해 이야기 하고 있습니다.

❖ 필수회화 ❖

❶ 'llevar+현재분사'의 표현 (계속 ~을 해오다.)

• **¿Cuánto tiempo lleva viviendo en España?** 당신은 스페인에서 얼마동안 사셨습니까?

• **Llevo viviendo un año en Madrid.** 마드리드에서 1년 째 살고 있습니다.

• **¿Cuánto tiempo lleva estudiando en esta escuela?** 이 학교에서 얼마동안 공부하고 있는 중입니까?

• **Hace dos años que estudio en esta escuela.** 이 학교에서 2년째 공부하고 있습니다.

• **¿Cuánto tiempo lleva trabajando en esta empresa?** 이 회사에서 얼마동안 일하고 계십니까?

• **Llevo trabajando casi 10 años.** 거의 10년째 일하고 있습니다.

❷ 아파트를 빌리고자 할 때 ▰▰▰▰▰▰▰▰▰▰▰

• **Quiero alquilar un piso amueblado.** 나는 가구가 갖추어진 아빠트를 빌리고 싶습니다.

- **Busco una pensión.** 하숙집을 구합니다.

- **Busco una casa particular.** 개인 독채를 구합니다.

- **¿Cuánto es el alquiler al mes?** 한 달에 임대료가 얼마이지요?

- **Son 50.000 pesetas al mes.** 한 달에 50,000 뻬세따입니다.

- **Pero tiene que pagar un mes por adelantado.** 그러나 한 달치를 선불해야 합니다.

❖ 연습문제 ❖

A. 다음을 보기와 같이 현재 진행형으로 바꾸시오.

보기 : **El habla por teléfono.** ─**El está hablando por teléfono.**

1. **Los niños duermen.**
2. **El tren llega a la estación.**
3. **Vosotros jugáis al tenis.**

B. 다음을 스페인어로 옮기시오.
   1. 나는 책을 읽고 있습니다.

2. 우리는 이야기를 하면서 다방에 앉아 있는다.

3. 스페인 사람들은 잠시 낮잠 자는 것을 좋아한다.

C. 괄호 안의 동사를 현재 분사형으로 바꾸시오.

보기 : Ella está preparando la comida.(preparar)

   1. Ellos están _____ los poemas.(recordar)

   2. Yo estoy _____ tu ayuda.(pedir)

   3. Vosotros estáis _____ cerveza.(tomar)

해 답

A. 1. Los niños están durmiendo.

   2. El tren está llegando a la estación.

   3. Vosotros estáis jugando al tenis.

B. 1. Yo estoy leyendo un libro.

   2. Estamos sentados charlando en la cafetería.

   3. A los españoles les gusta dormir un rato la siesta.

C. 1. recordando   2. pidiendo   3. tomando

LECCION
— 9 —

Nadie quería perder ni un minuto.

Un grupo turístico acaba de llegar a la hermosa ciudad de Barcelona. Todos están muy contentos aunque están cansados del viaje. Barcelona es una ciudad comercial y sus habitantes son activos trabajadores. En el centro se ve siempre mucha gente. Los turistas coreanos visitaron la Catedral en el barrio antiguo, y pasearon por las Ramblas, gran avenida de Barcelona.

Por la tarde subieron en funicular a la cumbre de Montjuich, donde están el estadio olímpico y otras instalaciones deportivas. Barcelona fue sede de los Juegos Olímpicos en 1992. En las Olimpiadas de Barcelona, el coreano Hwang, Young—Cho consiguió la medalla de oro en el maratón. Recordamos que la victoria de Hwang consiguió izar la bandera nacional en el cielo de Barcelona en el último momento antes de las ceremonias de clausura.

Barcelona, la capital de Cataluña ha contribuido a forjar durante más de mil años una historia, una lengua—el catalán—y una cultura propias. Barcelona es, sobre todo, un importantísimo centro económico y comercial. En Barcelona la cultura se da cita los 365 días del año. La ciudad sirve de escenario permanente a festivales y manifestaciones artísticas de toda índole. Vale la pena visitar Barcelona.

본문번역 ●

제9과 그 누구도 1분이라도 놓치고 싶어 하지 않았다.

어느 관광단이 아름다운 도시 바르셀로나에 막 도착했다. 비록 여행때문에 지쳐 있지만 모두들 매우 만족하고 있다. 바르셀로나는 상업도시이며 시민들은 매우 열심히들 일한다. 시내 중심지에는 늘 많은 사람들이 보인다. 한국인 관광객들은 구 시가지 안에 있는 대성당을 방문하고 바르셀로나의 큰 거리인 람블라스를 산보하였다.

오후에는 케이블카를 타고 몬쥬익 정상에 올라갔는데 이 곳에는 올림픽 경기장과 다른 운동 시설들이 세워져 있다. 바르셀로나는 1992년 올림픽이 개최되었던 곳이다. 바르셀로나 올림픽에서 한국 선수 황영조가 마라톤의 금메달을 획득하였다. 우리는 황선수의 승리로 폐회식 바로 직전의 마지막 순간에 바르셀로나 하늘에 태극기가 휘날리던 것을 기억하고 있다.

까딸란 지방의 수도인 바르셀로나는 천 년 이상 동안이나 고유의 역사와 언어 -까딸란어 - 그리고 문화를 만들어오는 데 이바지하였다. 바르셀로나는 매우 중요한 경제적, 상업적 중심지이다. 바르셀로나에서는 일 년 365일 내내 문화로 넘쳐 흐른다. 이 도시는 모든 종류의 예술적 표현과 축제의 영원한 무대로서 역할을 한다. 바르셀로나는 방문할 가치가 있다.

새로운 단어 ●

perder 타 잃어 버리다, 놓치다

grupo 남 그룹, 단체

cansado(-da) 형 피곤한

trabajador 남 일군, 노동자

barrio 남 도시의 區, 시내

funicular 형 케이블의, 색조의

cumbre 여 꼭대기, 정상

Montjuich 명 몬쥬익(바르셀로나 외곽에 있는 공원, 산 이름)

conseguir 타 획득하다, 손에 넣다

maratón 남 마라톤

nadie 대 아무도~않다

contento(-ta) 형 만족하는

activo(-va) 형 적극적인

catedral 남 대성당

avenida 여 가로수 길, 거리

Ramblas 명 바르셀로나의 유명한 거리

subir 자 올라가다, 상승하다

instalación 여 임명, 설비, 장치

medalla 여 메달, 훈장, 상패

victoria 여 승리

Cataluña 명 까딸루냐

catalán(-na) 형 까딸루냐 사람의

bandera ㉔ 기, 깃발　　　　　ceremonia ㉔ 식, 의식, 의례

forjar ㉓ 형태를 만들다. 반죽하다.　clausura ㉔ 폐회식

escenario ㉓ 무대, 장　　　　　índole ㉔ 본질, 성질

본문연구 ●──────────────────

1. En el centro se ve siempre mucha gente.

se ve는 verse이며 estar 동사와 같은 의미로 '많은 사람들이 보인
다.' 혹은 '많은 사람들이 있다'라고 해석한다.

2. Nadie quería perder ni un minuto…

어느 누구도 1분이라도 놓치고 싶어 하지 않는다. 이중 부정은 부정
의 강조 의미가 될 뿐이다. 문장 첫머리에 부정사(**nadie**)가 오면
'no'가 필요하지 않다.

3. Todos sacaban muchas fotos…

fotos는 fotografía의 생략형으로 여성형이다. sacar fotos는 '사진
을 찍다.'라는 숙어이다.

4. Vale la pena＋원형 : '～할 가치가 있다.'

1. 부정 대명사

1) 사람

긍정문	부정문
Alguien	Nadie
¿Hay **alguien** en casa?	No hay **nadie** en casa.

2) 사물

긍정문	부정문
Algo	Nada
¿Comprende **algo**?	No comprendo **nada**.

2. 부정 형용사와 부정 대명사로 함께 쓰이는 경우

수	부정 형용사		부정 대명사	
	긍정	부정	긍정	부정
단수	algún/ alguna	ningún/ ninguna	alguno/ alguna	ninguno/ ninguna
복수	algunos/ algunas	× ×	algunos/ algunas	× ×

※ alguno와 ninguno는 남성 단수 명사 앞에서 어미 'o'가 탈락되는데 액센트
표기에 주의해야 한다.

- ¿Hay aquí algún restaurante alemán? 여기 독일 레스토랑이 있습니까?

  ┌ Sí, aquí hay alguno.
  └ No, aquí no hay ninguno.

- ¿Tiene Ud. alguna pregunta? 질문 있습니까?

  ┌ Sí, tengo alguna.
  └ No, no tengo ninguna.

- ¿Compramos algunos zapatos? 신발 몇 켤레 샀습니까?

  ┌ Sí, compramos algunos.
  └ No, no compramos ninguno.

- ¿Ves a algunos amigos? 친구들 좀 보았니?

  ┌ Sí, veo a algunos.
  └ No, no veo a ninguno.

3. 부정어(否定語)의 사용

no	Yo no hablo español. 나는 스페인어를 말하지 못한다.
ni	Yo no hablo español ni francés. 나는 스페인어도 불어도 못한 다.
nunca	Yo nunca fumo en casa. 나는 집에서 결코 담배를 피지 않는다.
jamás	Jamás volveré aquí. 나는 결코 이곳에 돌아오지 않겠다.
tampoco	El tampoco habla español. 그 역시 스페인어를 못한다.
nada	Ella no dice nada. 그녀는 아무 말도 하지 않는다.

nadie	Nadie viene a la escuela. 아무도 학교에 오지 않는다.
apenas	Apenas se oye el ruido. 거의 소음이 들리지 않는다.
poco	El es poco inteligente. 그는 영리하지 못하다.
ninguno	No ha venido ninguno. 아무도 오지 않았다.

4. 이중 부정(否定)

스페인어에서는 이중 부정을 하면 더욱 뜻이 강해진다. 그리고 부정사가 문
두에 나오면 'no'가 필요하지 않다.

1) Nadie te llamó.

   No te llamó nadie.

   아무도 너를 부르지 않았다.

2) Nunca volveré.

   No volveré nunca.

   나는 결코 돌아오지 않을 것이다.

3) Tampoco me gusta bailar.

   No me gusta bailar tampoco.

   나도 역시 춤추기를 좋아하지 않는다.

4) No me interesa nada.

   Nada me interesa.

   아무것도 나에게 흥미롭지 않다.

5) No hay ningún taxi libre.

   Ningún taxi está libre.

   빈 택시가 한 대도 없다.

6) El no vino y él no telefoneó.

No vino ni telefoneó.

그는 찾아 오지도 전화도 걸지 않았다.

5. 스페인어의 중요한 관용어

1) Tener que+inf. '~을 해야만 한다'=Deber+inf, Hay que+inf)

* Tenemos que estudiar mucho el español.(=Debemos estudiar mucho el español.) 우리는 스페인어 공부를 열심히 해야만 한다.

* Tengo que preparar la lección para mañana.(=Debo preparar la lección para mañana.) 나는 내일 배울 학과를 준비 해야만 한다.

  그러나 앞에 no가 붙으면 '~할 필요가 없다'라는 뜻이 된다.

* No tiene Ud. que asistir a esa reunión. 당신은 그 모임에 참석할 필요가 없다.

* No tenemos que ir a la escuela el domingo.(=No necesitamos ir a la escuela el domingo.) 일요일에는 학교에 갈 필요가 없다.

  앞의 두 구문은 주어가 확실할 때 쓰이는 반면 Hay que 구문은 일반 주어에 사용된다(무인칭).

- Hay que estudiar mucho.

No가 붙으면 '~해서는 안된다.', '~할 필요가 없다.'

- No hay que hablar en la clase. 수업 중에 이야기를 해서는 안 된다.

2) Dejar de+inf. '~하는 것을 그만두다.' '포기하다.'

- El dejó de estudiar literatura. 그는 문학 공부를 그만 두었다.

- Juan dejó de fumar. 후안은 담배를 끊었다.

3) Acabar de+inf. '방금 ~했다.' '막 ~을 끝냈다.'

현재형일지라도 의미는 이미 완료된 사실을 나타낸다는 데 주의해야 한다.

- Mi padre acaba de salir de casa. 나의 아버지는 방금 집에서 나가셨다.

- Acabo de recibir su carta. 나는 방금 그의 편지를 받았다.

4) Tardarse en+inf. '~하는 데 시간이 걸리다.'

- Se tarda una hora en hacerlo. 그것을 하는 데 한 시간이 걸린다.

- ¿Cuánto se tarda en llegar hasta Pusan desde aquí? 여기서 부산까지 얼마나 걸리죠?

5) Valer la pena (de)+inf. '～할 가치가 있다.'

- Vale la pena (de) visitar a esa ciudad. 그 도시는 방문할 가치가 있다.

- No vale la pena (de) verlo. 그건 볼 만한 가치가 없다.

문 장 연 습

1. ¿Hay alguien en la habitación? 방에 누가 있나요?
   No, no hay nadie. 아니오, 아무도 없습니다.

2. ¿Hay alguna carta para mí? 제게 온 편지가 있습니까?
   No, no hay ninguna carta para usted. 아니오, 당신께 온 편지는 없습니다.

3. ¿Quiere usted comer algo? 뭐라도 드시고 싶으세요?
   No, no quiero nada. 아니오, 아무것도 먹고 싶지 않습니다.
   Entonces, ¿quiere beber vino? 그렇다면, 포도주를 마시겠습니까?
   Yo nunca bebo. 저는 결코 술을 마시지 않습니다.

4. ¿Hay algo interesante en el Museo Nacional? 국립 박물관에는 뭐 관심가는 거라도 있습니까?

Sí, hay muchos tesoros nacionales. 네, 국보들이 많이 있습니다.

5. ¿Quieres decirme algo? 제게 무슨 말을 하고 싶습니까?

No, no tengo nada que decirte. 아니오, 당신께 할말이 없습니다.

❖ 필수회화 ❖

❶ '어울리다'라는 표현 ▰▰▰▰▰▰▰▰▰▰▰▰▰▰▰▰

Le sienta bien la corbata. 당신에게는 넥타이가 잘 어울립니다.

Le va bien el traje. 당신에게 옷이 잘 어울립니다.

Le queda bien la blusa. 당신에게 블라우스가 잘 어울립니다.

❷ 정중한 부탁의 표현 ▰▰▰▰▰▰▰▰▰▰▰▰▰▰▰▰

• **¿Le importa bajar la música?** 음악 소리 좀 줄여 주시겠습니까?

• **¿Le importa apagar la radio/televisión?** 라디오/T.V. 를 꺼 주시

겠습니까?

- ¿Le importa apagar la luz? 불을 꺼 주시겠습니까?

- ¿Le importa encender la luz? 불을 켜 주시겠습니까?

- ¿Le importa poner la radio/televisión? 라디오/TV를 켜 주시겠어요?

중요 표지판 용어

Peligro. 위험

Salida. 출구

Abierto. 영업중

Entrada. 입구

Salida de Emergencia. 비상구

Cerrado. 폐점

Se prohíbe fumar. 금연

Se prohíbe entrar. 출입금지

Se prohíbe aparcar(estacionar). 주차금지

Servicios.(Aseos, Lavabo, Cuarto de baño) 화장실

❖ 연습문제 ❖

A. 스페인어로 옮기시오.

1. 스페인은 여행할 가치가 있다.

2. 바르셀로나는 스페인의 북동쪽에 있다.

3. 우리는 아무 것도 먹지 않았다.

4. 나는 누구도 사랑하지 않는다.

5. 오늘 아무도 오지 않았다.

B. 다음 물음에 답하시오.

보기 : ¿Necesitas algo? ⇨ No, no necesito nada.

1. ¿Hay algo interesante en aquel museo?

2. ¿Habéis oído algo en el jardín?

3. ¿Beberéis algo después de la clase?

4. ¿Le has regalado algo a María?

A. 1. Vale la pena visitar España.

2. Barcelona está situada al nordeste de España.

3. Nada comimos.(No comimos nada.)

4. No amo a nadie.

5. Nadie ha venido hoy.(No ha venido nadie.)

B. 1. No, no hay nada interesante.

2. No, no hemos oído nada.

3. No, no bebemos nada.

4. No, no he regalado nada a María.

LECCION
— 10 —

El primer contacto entre España y Corea

Los Reyes Católicos se llamaban Fernando e Isabel. Son los reyes más célebres de la historia española. Una de sus grandes hazañas fue el logro de la unidad de España. Al casarse don Fernando, que era rey de Aragón, con doña Isabel, que era reina de Castilla, se unieron los dos reinos.

El 2 de enero de 1492 los moros se sometieron a los Reyes Católicos en el Palacio de La Alhambra en Granada. Así terminó la Reconquista que duró casi 800 años.

Los Reyes Católicos también ayudaron a Cristóbal Colón, quien era de Génova, a descubrir el Nuevo Mundo. Así España abrió una nueva época en la historia española.

Los españoles llegaron también a la región asiática en el siglo XVI. Miguel López Legazpi, navegante y militar español descubrió las Filipinas en 1565, y Francisco Javier, misionero jesuita llegó a la tierra japonesa en 1549.

El primer contacto histórico entre España y Corea data del siglo XVI. Gregorio de Céspedes, jesuita español que estuvo en la misión del Extremo Oriente durante 34 años se convirtió en el primer occidental que pisó la tierra coreana en 1593. Céspedes permaneció un año en Corea y dejó escritas 4 cartas que llevan un valor historiográfico de gran importancia. Su viaje fue realizado 60 años más temprano que el del náufrago holandés Hendrick Hamel.

Los descubrimientos y conquistas que hicieron los españoles en América, Asia, Africa y Europa en el siglo XVI dieron origen al gran Imperio Español.

Todos decían que no se ponía nunca el sol en los dominios de España. Todo el tiempo que duró esta grandeza se llama el Siglo de Oro Español.

본문번역 ●────────────────────

제10과 스페인과 한국의 최초의 만남

페르난도와 이사벨은 카톨릭 국왕 부처라고 불린다. 그들은 스페인 역사에서 가장 돋보이는 국왕들이다. 그들의 뛰어난 업적 중에 하나는 스페인의 통일을 달성한 일이다. 아라곤의 왕이던 돈 페르난도가 까스띠야의 여왕이던 도냐 이사벨과 결혼하면서 이 두 왕국이 합쳐졌다.

1492년 1월 2일 모로족들은 그라나다에 있는 알람브라 궁전에서 이들 카톨릭 국왕 부처 앞에서 항복을 하였다. 이렇게해서 800년 간이나 지속되었던 국토회복전이 막을 내렸다. 이들 카톨릭 국왕 부처는 제노바 출신의 끄리스또발 꼴론을 도와 신세계를 발견하게 하였다. 이처럼 스페인은 스페인 역사에 있어 새로운 시기를 열었다.

스페인 인들은 또한 16세기에 아시아에까지 찾아 왔다. 스페인의 항해가이며 군인인 미겔 로뻬스 레가스삐는 1565년 필리핀 제도를 발견하였으며 예수회 선교사인 하비에르는 1549년 일본 땅에 도착하였다.

스페인과 한국의 최초의 역사적 만남은 16세기로 거슬러 올라간다. 34년 동안 극동에서 선교활동을 하던 스페인 예수회 소속의 그레고리오 데 세스뻬데스라는 인물이 한국 땅을 밟은 최초의 서구인이었다. 세스뻬데스는 한국에 1년간 머물면서 4편의 편지를 남겼는데 그 편지들은 대단한 역사기록적 가치를 지닌다. 그의 한국 방문은 네델란드 출신의 난파 선원인 헨릭 하멜보다 60년이나 앞서 이루어졌다.

16세기에 아메리카와 아시아, 아프리카, 유럽 등지에서 서반아인들이 이룩한 발견과 정복은 서반아 제국의 기원을 마련하였다. 모두들 서반아 영토에서

는 결코 해가 지지 않는다고 말하곤 했다. 이같은 위대함이 지속되던 시기를 스
페인의 황금세기라고 부른다.

새로운 단어 ●────────────────────

rey ㉾ 왕, 국왕

célebre ㉵ 유명한

logro ㉾ 획득, 달성

casarse ㉾㉯ 결혼하다

moro(-ra) ㉵ 모로인의

grandeza ㉠ 위대함, 권세

descubrir ㉣ 발견하다

contacto ㉾ 접촉

extremo(-ma) ㉵ 끝의, 극단의

dominio ㉾ 지배, 통치

asiático(-ca) ㉵ 아시아의

militar ㉵ 군의

jesuita ㉵ 예수회의

pisar ㉣ 밟다

náufrago ㉾ 조난자

católico(-ca) ㉵ 카톨릭의

hazaña ㉠ 공적, 위업

unidad ㉠ 단일, 통일

reina ㉠ 여왕, 왕비

Reconquista ㉠ 재정복, 국토재정복

durar ㉜ 계속하다, 지속하다

época ㉠ 시대, 시기

datar ㉜ (de 앞에서) 비롯되다, ~
부터이다

convertirse ㉾㉯ (en 앞에서) 바뀌
다, 변하다, 되다

permanecer ㉜ 정체하다, 체류하다

navegante ㉾ 항해사

misionero ㉾ 선교사

tierra ㉠ 땅, 육지

historiográfico(-ca) ⑱ 역사 기록   japonés ⑱ 일본의 ⑭ 일본인

적의   origen ⑭ 기원, 근원

본문연구 ●

1. **Fernando e Isabel se llamaban los Reyes Católicos.** 페르난도와
이사벨은 (종교심이 두드러져서) 카톨릭 국왕 부처라고 불리어
졌다.

    이사벨은 1474년 까스띠야의 여왕이 되었고, 페르난도는 1479년 아라곤의
국왕이 되면서

2. **Al casarse don Fernando······ con doña Isabel······**

    까스띠야 왕국의 공주 이사벨과 아라곤 왕국의 왕자 페르난도는 1469년 결
혼을 하면서

3. **Los Reyes Católicos también ayudaron a Cristobal Colón······**
··· **a descubrir······** 카톨릭 국왕 부처는 신대륙을 발견하도록
끄리스또발 꼴론(콜롬부스의 스페인어 원명)을 도와주었다.

4. Gregorio de Céspedes, 한국 방문 최초의 서구인이다.

세스뻬데스 신부는 1593년 12월 27일 임진왜란 중 오늘날 진해市 해변가 마을 웅천에 도착하였다. 스페인 Toledo州에 있는 Villanueva de Alcardete 마을에 세스뻬데스 문화기념관이 1991년 11월 7일 세워졌다.

5. pisó la tierra coreana ······

'한국 땅을 밟다.'라는 뜻으로 llegó a la tierra coreana와 같은 의미이다.

6. Su viaje fue realizado 60 años más temprano que ······

más temprano que······는 '······보다 더 일찍······'의 비교급 문형이다.

7. ······ dieron origen al gran Imperio Español.

dar origen a······는 '···의 기원을 마련하다.'라는 뜻이다.

8. Todos decían que no se ponía nunca el sol en ······

ponerse el sol은 '해가 지다'라는 뜻이며 no ······ nunca ······의 이중 부정은 강한 부정을 나타낸다.

문법해설 ●————————————————————

1. 관계 대명사

관계사는 두 개의 절을 이어 하나의 복합문을 만드는 역활을 한다. 관계사는 관계 대명사, 관계 형용사, 관계 부사로 나뉘어진다. 관계 대명사는 원래 2개 이상의 문장을 하나로 결합할 때 사용되는 것으로 두 문장에 공통된 명사가 있는 경우 그 하나를 관계 대명사로 바꾸어 서로 연결하는 데 사용된다.

성＼수	단수	복수
남·녀	que	que
남·녀	quien	quienes
남 성	el que	los que
여 성	la que	las que
남 성	el cual	los cuales
여 성	la cual	las cuales

1) que(사람, 사물)

사람과 사물을 공히 선행사로 받는다. 관계 대명사 중에서 가장 빈번히 쓰이는 것으로 사물을 받는 경우 전치사를 동반할 수 있으나 사람인 경우 전치사를 동반 할 수 없다. 성-수는 변화하지 않는다.

(주 격) Dame el papel. El papel está sobre la mesa.

　　　　→Dame el papel que está sobre la mesa. 책상위에 있
　　　　는 종이를 내게 줘.

(주 격) He visto al campesino. Me ayudó ayer.

　　　　→He visto al campesino que me ayudó ayer. 어제 나
　　　　를 도와준 그 농부를 보았다.

(목적격) Dame la bandera. La compré ayer.

　　　　→Dame la bandera que compré ayer. 어제 산 그 깃발
　　　　을 내게 줘.

(목적격) He visto a un caballero. Lo quiero.

　　　　→He visto a un caballero que quiero. 내가 사랑하는
　　　　그 신사를 보았다.

2) quien, quienes

사람만을 선행사로 받으며, 때로는 선행사의 의미를 포함하여 단독으로 받을
때도 있다. 필요한 경우 전치사를 동반할 수 있으며 성에는 일치시키지 않으나
수에는 일치한다.

(주 격) Ayer hablé con mi amigo. El llegó a esta ciudad
　　　　anteayer.

　　　　→Ayer hablé con mi amigo quien llegó a esta ciudad
　　　　anteayer. 어제 나는 이 도시에 그저께 도착한 나의 친
　　　　구와 얘기했다.

(주 격) Me encontré con mis vecinos. Ellos vinieron a
　　　　verme.

→Me encontré con mis vecinos quienes vinieron a verme. 나를 보러 왔던 이웃들과 나는 우연히 마주쳤다.

(전치격) Este es el joven de quien te hablé. 이 자가 바로 내가 너에게 말했던 젊은이이다.

(목적격) El es el abogado a quien yo vi ayer. 그는 어제 내가 보았던 변호사이다.

※ 제한적 용법과 계속적 용법

관계 대명사로 유도되는 관계절은 한정적 용법(=제한적 용법)과 계속적 용법(=설명적 용법)으로 나뉘어진다.

① 한정적 용법

관계절은 선행사의 의미를 한정하며 해석은 관계절을 선행사에 올려서 한다. 선행사와 관계 대명사 사이에 코마(,)를 사용하지 않는다.

· Los alumnos que viven lejos de la escuela llegan tarde. 학교에서 멀리 사는 학생들은 늦게 도착한다.

② 계속적 용법

관계절은 선행사의 의미를 한정하는 것이 아니라 설명하기 위해 사용되며 코마를 사용한다. 해석은 내려서 한다.

· Los alumnos, que viven lejos de la escuela, llegan tarde. 학생들은 학교에서 멀리 사는데, 그들은 늦게 도착한다.

3) el que, la que/el cual, la cual

선행사로 받는 명사가 두개 이상으로 어느 것을 받는지 확실하지 않을 경우 사용하는데 el que와 el cual은 서로 대체가 가능하다. 다만 관계 대명사 앞에 긴 전치사나 전치사구가 오는 경우 el que보다 el cual을 더 많이 사용한다.

- **Yo escribí una carta a mi tío, el que vive en Madrid.** 나는 삼촌에게 편지를 한장 썼는데, 삼촌은 마드리드에 사신다.

- **Conozco al hijo de la Sra. García, el cual se casó ayer.** 나는 가르시아 부인의 아들을 압니다. 그는 어제 결혼했습니다.

- **Necesito las gafas, sin las cuales no puedo ver nada.** 나는 안경이 필요합니다. 그것 없이는 아무것도 볼 수 없습니다.

4) Lo que/lo cual

lo que, lo cual은 앞 문장 전체를 선행사로 받을 수 있으며, Lo que는 선행문 없이는 추상적으로 '-한 것'으로 해석된다.

- **Al día siguiente tenía sueño, lo que(＝lo cual) no es extraño.** 다음날 나는 꿈을 꾸었는데, 그것은 이상한 일이 아니다.

- **No me gusta lo que él dijo.** 나는 그가 말한 것이 마음에 들지 않는다.

5) 전치사＋관계 대명사

a. 사물

- La pluma con que escribo es un regalo de mi novia. 내가 쓰는 펜은 애인이 준 선물이다.

- La casa en que vivimos está cerca del centro. 우리가 살고 있는 집은 중심가에 위치해 있다.

- El examen para que estoy preparando es muy difícil. 내가 대비하고 있는 시험은 매우 어렵다.

b. 사람

- La persona con quien estamos hablando es una actriz famosa. 우리가 함께 이야기 나누고 있는 사람은 유명한 여배우이다.

- El señor para quien trabajo es un comerciante italiano. 나는 어느 이탈리아 상인을 위해 일하고 있다.

2. 관계형용사

성 \ 수	단수	복수
남	cuyo	cuyos
여	cuya	cuyas
남	cuanto	cuantos
여	cuanta	cuantas

소유 관계 형용사 cuyo(-a)는 피소유 명사의 성·수에 일치해야 하며 인칭과

사물에 함께 사용된다. 수량 관계 형용사 cuanto(-a)는 피소유물의 성·수에 일
치하며 인칭과 사물에 공히 사용한다.

- Este es el Sr. Park cuyo padre es coreano. 이 분이 박선
  생님이신데, 그의 아버지는 한국인입니다.

- En un lugar de la Mancha, de cuyo nombre no quiero
  acordarme. 라·만차의 어느 곳, 그 이름을 나는 기억하고 싶
  지 않지만(「동키호테」의 첫구절)

- El me da cuanto dinero tiene. 그가 가지고 있던 돈을 모두
  나에게 준다.

- He gastado cuanto dinero tenía. 나는 가지고 있던 모든 돈
  을 썼다.

3. 관계부사(donde, cuando)

1) donde(장소)

- La casa, donde vivimos ahora tiene un jardin grande.(＝
  en que) 우리가 지금 살고 있는 집에는 큰 정원이 있다.

- Vivo en Seúl, donde se celebraron las Olimpiadas en 1988.
  나는 서울에 삽니다. 그곳에서 1988년에 올림픽이 개최되었
  습니다.

(2) cuando(시간)

- Es el domingo cuando se celebra la misa. 오늘은 미사

가 열리는 일요일이다.

※ Tener algo que+inf. '-해야 할 일이 있다.'

- Yo tengo algo que decirte. (=Yo tengo algo que debo decirte.) 나는 너에게 할 말이 있다.
- No tengo nada que hacer. 아무 것도 할 일이 없다.

문 장 연 습

1. **¿Qué es aquella cosa que está sobre la mesa?** 책상위에 있는 저 것은 무엇입니까?

   Es un diccionario español-coreano. 그것은 스페인어-한국어 사전 입니다.

2. **¿Quién es el señor que está hablando con mi padre?** 내 아버 지와 이야기 하고 있는 저 신사는 누구입니까?

   Es el profesor que viene de Madrid. 그 분은 마드리드에서 오신 교수님입니다.

3. **La persona a quien yo encontré ayer está allí.** 어제 내가 만난 그 사람이 저기 있다.

La señora que yo te presenté ayer ha venido a la fiesta. 어제 내가 너에게 소개한 그 부인이 파티에 왔다.

4. **Quien habla mucho, piensa poco.** 말 많은 사람은 생각이 적다.

El que habla mucho, sabe poco. 말이 많은 자는 아는것이 적다.

5. **El amigo de quien te hablé viene hoy.** 내가 너에게 말했던 그 사람이 오늘 온다.

Los hermanos con quienes fuimos a México son simpáticos. 멕시코에 함께 갔던 그 형제들은 매우 다정다감하다.

El juguete con que juega el niño es peligroso. 어린아이가 가지고 노는 그 장난감은 위험하다.

6. **¿Comprenden ustedes lo que he dicho?** 내가 말한 것을 당신들은 이해합니까?

Jaime se casó con una japonesa, lo que no es extraño. 하이메는 일본 여자와 결혼했는데 그 사실은 별로 이상한 일이 아니다.

7. Este es el hombre al que vi ayer. 이 분이 내가 어제 보았던 사람이다.

El ojo es el órgano con el cual vemos. 눈은 신체 기관인데, 그것으로 봅니다.

Juan se casó con María, lo cual nos asustó. 후안이 마리아와 결혼했는데, 그 사실은 우리를 놀라게 했다.

❖ 필수회화 ❖

❶ 위급할때 사용하는 표현

- **¡Socorro!** 사람살려!

- **¡Cuidado!** 조심!

- **¡Policía!** 경찰!

- **Ayúdame.** 도와주세요!

- **Necesito ayuda, pronto.** 도와주세요, 빨리!

- **¡Fuego!** 불이야!

- **¡Ladrón!** 도둑이야!

- **Voy a llamar a un policía.** 나는 경찰을 부르겠습니다.

- **¿Dónde está la comisaría?** 경찰서는 어디에 있지요?

- **Me ha robado mi cartera.** 나는 지갑을 도둑맞았습니다.

- **He perdido mi cartera.** 나는 지갑을 잃어버렸습니다.

- **¿Puede usted ayudarme? por favor.** 저좀 도와주실수 있겠습니까?

❷ 자신을 변호할때 ▰▰▰▰▰▰▰▰▰▰▰▰

- **Este joven me está molestando.** 이 젊은이가 나를 괴롭힙니다.

- **Me está siguiendo.** 나는 미행당하고 있습니다.

- **¡Es mentira ! Soy inocente. Quiero un abogado.** 거짓말입니다. 저는 결백합니다. 변호사를 불러 주세요.

❸ 한국대사관을 찾을 때 ▰▰▰▰▰▰▰▰▰▰▰▰

- **Quiero ir al consulado coreano.** 한국 영사관에 가고 싶습니다.

- **Quiero ir a la embajada de Corea.** 한국 대사관에 가고 싶습니다.

- **¿Puede usted llevarme a la embajada de Corea del Sur?** 한국 대사관까지 저를 안내해 주실 수 있겠습니까?

- **¿Puede usted llevarme al cuartel de policía?** 경찰 본부까지 저를 안내해 주실 수 있겠습니까?'

❖ 연습문제 ❖

A. 밑줄에 들어갈 관계 대명사를 쓰시오.

1. El hombre con _____ yo hablé ayer es mi tío.

2. La silla en _____ Ud. está sentado es de Italia

3. ¿Recuerda Ud. _____ ha visto?

B. 적절한 전치사와 관계 대명사를 넣으시오.

1. El señor _____ estaba hablando es mi padre.

2. El hotel _____ estamos tiene una piscina.

3. La película _____ hablamos es muy corta.

C. 스페인어로 옮기시오.

1. 책상 위에 있는 책들은 호세의 것이다.

2. 어제 온 아가씨들은 나의 사촌이다.

3. 지난 주 나와 같이 영화관에 간 친구는 마르따이다.

A. 1. quien 2. que 3. lo que

B. 1. con quien 2. en que 3. de que

C. 1. Los libros que están sobre la mesa son de José.

2. Las señoritas que vinieron ayer son mis primas.

3. La amiga con quien fui al cine la semana pasada es Marta.

한국 최초 방문 서구인 ▶
세스뻬데스 기념 조형물

LECCION
— 11 — | *Querido amigo mío*

Tengo el placer de escribirte para enviar mis cordiales saludos. Soy alumno de la Universidad Hankuk de Estudios Extranjeros, donde estoy aprendiendo la literatura y lengua españolas. Soy de Seúl, y vivo en un apartamento cerca del río Han.

No sé si sabes algo de mi ciudad, Seúl. Creo que Seúl es una de las ciudades más modernas del mundo. En el centro de nuestra capital hay muchos edificios altos y modernos. Seúl, donde se celebraron los XXIV Juegos Olímpicos de Verano en 1988, no sólo tiene aspectos modernos, sino que conserva aspectos tradicionales de 600 años de historia. En Seúl hay muchos sitios de interés turístico.

El clima de Corea es muy variado y tenemos 4 estaciones. Corea está rodeada del mar en tres partes y tiene muchas montañas. Por eso podemos disfrutar de un hermoso paisaje de montañas y costas.

La industria coreana está muy desarrollada. Exporta a casi todos los países del mundo automóviles, textiles, productos electrónicos, etc.

Si vienes, vamos a hacer un viaje juntos en tren. Quiero saber algo de tu país también.

Esperando tu rápida contestación, me despido de ti muy cordialmente.

본문번역 ●

제11과 사랑하는 나의 친구에게

나의 진심어린 안부를 담아 네게 편지하게 되어 정말 기쁘다. 나는 한국외국어대학교에서 스페인 어-문학을 공부하는 학생이란다. 난 서울 출신이고, 지금 한강 근처에 있는 아파트에서 살고 있어.

내가 살고 있는 도시 서울에 관해 내가 조금이라도 알고 있는지 궁금하구나. 서울은 세계에서 가장 현대적인 도시들 중의 하나라고 생각되는구나. 우리나라의 수도 서울의 중심부에는 수 많은 현대적 고층 건물들이 자리하고 있단다. 1988년에 제 24회 하계 올림픽이 열렸던 이곳 서울은 현대적인 면 외에도 600년 역사의 전통을 잘 간직하고 있기도 해. 서울에는 관광 명소도 굉장히 많단다.

한국의 기후는 다양한 4계절로 되어 있어. 한국은 3면이 바다로 둘러 쌓여 있으며 산이 많단다. 그래서 우린 산과 해변의 아름다운 경관을 함께 즐길 수 있어.

한국의 산업은 매우 발전되어 있어. 전세계 거의 모든 국가에 자동차와 섬유, 전자 제품들을 수출하고 있단다.

만약 네가 오게 된다면, 우리 함께 기차타고 여행을 떠나자구나. 또한 너희 나라에 관한것도 나는 알고 싶구나.

너의 **빠른** 답장을 기다리며, 작별을 고한다.

새로운 단어 ●───────────────────

placer 남 기쁨, 즐거움

cordial 형 정중한, 진심어린

universidad 여 대학

río 남 강

edificio 남 건물, 빌딩

conservar 타 지키다, 보존하다

rodear 타 둘러쌓다

montaña 여 산, 산악

industria 여 산업

exportar 타 수출하다

desarrollado (−da) 형 발전된

enviar 타 발송하다

alumno 남 학생

apartamento 남 아파트

moderno(−na) 형 현대적인

olímpico(−ca) 형 올림픽 경기의

interés 남 ① 관심 ② 이자

mar 여 바다

costa 여 해변

disfrutar de 향유하다, 즐기다

automóvil 남 자동차

textil 형 직물의, 섬유의

electrónico(−ca) ⑱ 전자의

despedirse ⟨재귀⟩ 이별하다 ~de, ~
와 작별하다.

본문연구 ●────────────────

1. Tengo el placer de+inf.

'…해서 기쁘다.'라는 뜻으로 alegrarse de+inf.와 같은 의미이다.

2. No sé si sabes algo de mi ciudad…

'네가 나의 도시에 대해 뭔가 알고 있는지 어떤지 궁금하다.'의 뜻
으로 문장 뒤에 'o no'가 생략되어 있는 구문이다.

-No sé si tú lo sabes o no. 네가 그것을 알고 있는지 궁금하구나.

3. Seúl, donde se celebraron los XXIV Juegos Olímpicos de Verano de 1988, …

올림픽 경기는 복수로 los Juegos Olímpicos, 또는 단수로 써서 la
Olimpiada라고도 한다.

4. No sólo tiene aspectos modernos, sino que conserva aspectos tradicionales…

no sólo A sino (también) B−의 구문이다. 이때 también은 생략해

도 무방하며 sino 다음에 절이 오면 반드시 que가 동반되어야 한다.

5. **Exporta a casi todos los países del mundo automóviles, textiles, ⋯**

문장에서 a casi todos los países del mundo까지가 부사구를 이루면서 '-로, -에'의 방향을 가리키며 목적어는 그 다음 automóviles, ⋯ 부터이다.

문법 해설 ●──────────────────

1. 서간문 쓰는 법

1) 스페인어 편지의 격식은 대략 다음과 같이 구분된다.
① 서두(encabezamiento)-호칭, 인사말 따위를 쓴다.
② 내용(texto, asunto)-말하고자 하는 내용을 쓴다.
③ 결론(conclusión)-내용의 결론을 쓴다.
④ 작별 인사(despedida)-끝인사, 맺는 말 따위를 쓴다.

2) 서두(인사말)
① 가족 사이에서

Querida mamá, Querido abuelo, Querida hermana,
② 친구 사이에서

Mi querido amigo José, Mi querido Kim,

③ 존경을 표시할 때

Estimado   señor,   Muy señor mío, Muy estimado
señor Kim, Estimado maestro mío,

3) 맺는 말(작별 인사)

① 가족이나 친한 친구 사이에서

Muchos besos y abrazos. Con nuestros afectuosos
saludos,

Recibe besos de tu hijo que te quiere. Sinceramente,

Con todo cariño, Cariñosamente, Con un fuerte abrazo,

② 가까운 사이가 아닐 때

Atentamente, Cordialmente, Le saluda atentamente.

※ 추신(P. D.)은 영어로는 P. S(Post-scriptum)이지만 스페인어로는 P. D.
로써 Post-Data의 준 말이다.

2. 관계 부사 donde(=en que)

a. Seúl es una ciudad hermosa, donde se celebraron las Olimpiadas de 1988. 서울은 아름다운 도시로, 그곳에서 1988년 올림픽이 개최되었다.

b. Soy alumno de una escuela superior, donde estoy aprendiendo español. 나는 고등학생인데, 학교에서 스페인어를 배우고 있다.

c. Allí está el Palacio Real, por donde pasea un gran número de turistas extranjeros. 저기있는 왕궁으로 많은 관광객들이 산보합니다.

3. 부정문

a. no…ni Este libro no es interesante ni útil. 이 책은 재미있지도, 유용하지도 않다.

b. no…sino Este libro no es interesante sino útil. 이 책은 재미있지는 않지만 대신 유용하다.

c. no sólo…sino también …할 뿐만 아니라 …도
Este libro es útil no sólo para los padres sino también para los niños. 이 책은 부모들 뿐만 아니라 아이들을 위해서도 유용하다.

1. **Tengo el gusto de dirigirme a usted para hacerle llegar mis cordiales saludos.** 당신에게 나의 정중한 인사를 전하면서 편지를 쓰게 되어 기쁩니다.

2. **Le envío adjunto el certificado de estudio.** 편지에 성적 증명서를 동봉합니다.

3. **Esperando su pronta respuesta, me despido de usted cordialmente.**
당신의 조속한 회답을 기다리며, 이만 작별을 고합니다.

4. **Agradeciéndole de antemano su colaboración, me despido de usted sinceramente.** 당신의 협조에 미리 감사드리며, 이만 작별을 고합니다.

5. **P. D. (Posdata) : Le envío adjunto el curriculum vitae.** 추신 : 당신에게 이력서를 동봉합니다.

6. Enviándole mis más cordiales saludos, tengo que dejar de escribir por hoy. 나의 가장 정중한 인사를 드리면서, 오늘 편지를 이만 줄입니다.

❖ 필수회화 ❖

❶ 인터뷰 할 때 질문과 대답

- **¿Cómo se llama? /Dígame su nombre.** 성함이 어떻게 되죠?
- **Me llamo Kim, Gui-Do.** 제 이름은 김 기도입니다.
- **¿De dónde es usted? /¿De qué nacionalidad es?** 어디 출신 이지요?
- **Soy de Corea.** 한국 출신입니다.
- **Estoy/soy soltero.** (casado) 저는 미혼(기혼)입니다.
- **¿Qué profesión tiene usted?** 어떤 직업을 가지고 있습니까?
- **Soy periodista.** 저는 신문기자입니다.
- **¿Qué afición tiene usted?** 어떤 취미를 갖고 있습니까?
- **Mi afición es leer.** 저의 취미는 독서입니다.
- **¿Le gustan los niños?** 아이들을 좋아하세요?
- **Me encantan.** 반해버릴 정도입니다.

Me llamo So-Hee, Park. Nací en Seúl, capital de Corea.
Mi padre es hombre de negocios y mi madre es enfermera.
Tengo dos hermanos menores y una hermana mayor. Me he
especializado en ciencias políticas en el curso universitario.
Desde que me gradué de la universidad, he venido trabajando en la Compañía Comercial Hankuk. Ahora estoy encarga-
da de la sección de personal.

저의 이름은 박소희입니다. 저는 한국의 수도 서울에서 태어 났습니
다. 저의 아버지는 사업가이시고 저의 어머니는 간호사이십니다. 저는
2명의 남동생과 1명의 언니가 있습니다. 저는 대학 과정에서 정치학을
전공하였습니다. 대학을 졸업한 후「한국 무역 회사」에서 일하고 있습
니다. 지금은 인사부 책임을 맡고 있습니다.

❖ 연습문제 ❖

A. 다음을 한국어로 옮기시오.

Kyongju, 12 de octubre de 1992

Querida Carmen :

De nuevo estoy viajando por Kyongju, ciudad antigua de Corea, que es una de las ciudades coreanas que me gustan. Especialmente el cielo en otoño es muy hermoso. Al volver a Málaga voy a contarte más sobre el viaje.

Envío a mi sobrina que está en Madrid una caja que va en mi maleta. Contiene fotos y regalos.

Un cordial saludo.

María Dolores López.

B. 스페인어로 옮기시오.

1. 이 집이 내가 태어난 곳이다.

2. 이 집은 도시에서 가장 오래된 것 중의 하나이다.

3. 너는 마리아가 어디 사는지 아니 ?

A.

경주, 1992년 10월 12일

사랑하는 까르멘에게 :

다시 나는 한국의 옛 도시인 경주를 방문하고 있단다. 이 도시는 내가 가장 좋아하는 한국의 도시들 중 하나이지.

특히 가을의 하늘은 매우 아름다워. 내가 말라가에 돌아가면, 여행에 대해 네게 이야기해 줄게.

마드리드에 있는 내 조카에게 가방에 든 상자를 보냈어. 사진과 선물이 들었단다.

마리아 돌로레스 로페스

B. 1. Esta es la casa donde nací.

2. Esta casa es una de las más antiguas de la ciudad.

3. ¿Sabes dónde vive María?

Historia de un Amor   ← ← ← ← ← ← ← ← ← ← ←

Ya no estás más a mi lado corazón
en el alma sólo tengo soledad
y si yo no puedo verte por qué Dios me hizo quererte
para hacerme sufrir más
Siempre fuiste la razón de mi exisitir
Adorarte para mí fue religión
Y en tus besos yo encontraba el calor que me brindaba
el amor y la pasión.
Es la historia de un amor como no hay otro igual,
que me hizo comprender todo el bien todo el mal,
que le dio luz a mi vida apagándola después
¡Ay! qué vida tan oscura sin tu amor no viviré.
Es la historia de un amor.

어느 사랑의 이야기   ← ← ← ← ← ← ← ← ← ← ← ←

그대여, 당신은 이제 내 곁에 없군요.
내 가슴속에는 고독만이 남아 있을 뿐이오.
만일 내가 당신을 볼 수 없다면,
왜 신은 내게 크나큰 고통을 안겨주기 위해 당신을 사랑하도록 만들었나요.
바로 당신은 내가 이 세상에 존재해야 하는
이유 그 자체라오.
그리고 당신을 사랑하는 것이 바로 나의 믿음이라오.
당신이 내게 키스할때 나는 사랑과 정열을 불러 일으키는 열정을 보았오.
이것은 유래도 없는
어느 사랑의 이야기.
그것은 내게 세상의 행복과 불행을 깨닫게 만들었고
내 인생에 빛을 주었지만 끝내는 사라져 버렸오.
아! 인생이란 얼마나 어두운 것이란 말이오.
그대의 사랑없이 나는 도저히 살아나갈 수 없으리.
이것은 바로 어느 사랑의 이야기.

LECCION

— 12 — *En el avión.*

pasajero : ¿Dónde está mi asiento?

azafata : Está allá, cerca de la ventanilla.

pasajero : Gracias.

azafata : De nada.

(Un poco después, la azafata se acerca al pasajero)

azafata : ¿Quiere Ud. tomar alguna bebida?

pasajero : Jugo de naranja, por favor.

azafata : ¿Necesita Ud. el auricular?

pasajero : Sí, por favor.

¿A qué altura estamos volando ahora?

azafata : Estamos volando a una altura de 12.000 pies.

pasajero : ¿A qué hora aterrizaremos en Madrid?

azafata : A las 10 : 30 de la mañana, hora local.

pasajero : ¿Cómo puedo apagar esta luz?

azafata : Apriete ese botón y entonces se apagará.

¿Cómo se siente Ud. ahora?

pasajero : No estoy bien. Estoy mareado.

azafata : El avión llegará a Madrid dentro de una hora.

본문번역 ●───────────────────────

제12과 비행기에서

탑승객 : 제 자리가 어디인가요?

승무원 : 저쪽입니다. 창가입니다.

탑승객 : 감사합니다.

승무원 : 천만에요.

(얼마 후 승무원이 승객에게 다가간다.)

승무원 : 음료수 드시겠습니까?

탑승객 : 오렌지 쥬스 좀 주시겠어요?

승무원 : 이어폰이 필요하십니까?

탑승객 : 예, 그렇게 해 주세요.

지금 비행기 고도는 얼마인가요?

승무원 : 우리는 지금 고도 12,000피트를 날고 있습니다.

탑승객 : 몇 시쯤 마드리드에 착륙할까요?

승무원 : 현지시각, 아침 10시 30분입니다.

탑승객 : 이 불을 어떻게 끌 수 있을까요?

승무원 : 그 버튼을 누르세요.

　　　　그러면 꺼질 것입니다. 지금은 좀 어떠세요?

탑승객 : 좋지 못해요. 멀미가 납니다.

승무원 : 비행기는 한 시간 안에 마드리드에 도착합니다.

새로운 단어 ●───────────────

avión ㈐ 비행기

pasajero ㈐ 탑승객

azafata ㈔ 스튜어디스, 승무원

ventana ㈔ 창문(ventanilla는 ven-
　　　　tana의 축소사)

pasillo ㈐ 복도

bebida ㈔ 음료수

beber ㈧ 마시다

altura ㈔ 높이

volar ㈧ 날다

aterrizar ㈧ 착륙하다.

local ㈖ 현지의, 현장의

apagar ㈎㈧ 불을 끄다

luz ㈔ 불빛

apretar ㈎㈧ 누르다

botón ㈐ 단추

sentir ㈎㈧ 느끼다, 유감으로 여기
　　　다. lo siento, 미안합니다.

mareado(-da) ㈖ 멀미를 하는

marearse ㈧ 멀미를 하다

llegar ㈧ 도착하다

dentro ㈖ ~안에, 속에 ~de : (시
　　　간적, 공간적)안에

asiento ㈐ 자리

본문연구 ●————————————————————

1. ¿Dónde está mi asiento? 제 자리가 어디죠?

그러나 이렇게 묻기보다는 '¿Me puede indicar donde está este asiento?' '이 자리가 어디쯤 있는지 가르쳐 주시겠어요?'라고 좌석표를 승무원에게 보이며 묻는 것이 더 예의가 있다.

2. Está allá, cerca de la ventanilla. 저쪽, 창가입니다.

여기서 ventanilla는 ventana의 축소사로 비행기에 있는 '작은 창문'을 뜻한다. 비행기에서 복도 쪽인 경우는 'pasillo'를 쓴다. 'allá'(저기) 대신에 'allí'를 써도 좋다.

aquí(acá), 여기

ahí, 거기

allí(allá), 저기

3. ¿A qué hora aterrizaremos en Madrid? 몇 시쯤 마드리드에 착륙할까요?

aterrizar의 반대말은 despegar '이륙하다'이다.

4. Apriete ese botón. 그 버튼을 누르세요.

옷에 달린 단추도 보통 'botón'이라 한다.

5. **A las 10 : 30 de la mañana, hora local.** 현지시각 열 시 삼십 분
에 도착합니다.

6. **Estoy mareado.** 멀미가 납니다.

또는 '현기증이 납니다'라는 의미도 있다.

문법해설 ●────────────────────

1. 직설법 미래(규칙)

1) 형 태

원형동사 인칭	hablar	comer	vivir	apagar	변화 어미
yo	hablaré	comeré	viviré	apagaré	-é
tú	hablarás	comerás	vivirás	apagarás	-ás
él	hablará	comerá	vivirá	apagará	-á
nosotros	hablaremos	comeremos	viviremos	apagaremos	-emos
vosotros	hablaréis	comeréis	viviréis	apagaréis	-éis
ellos	hablarán	comerán	vivirán	apagarán	-án

※ 원형＋단순 미래 어미의 형태이다(어미 변화가 동일하다).

(도해)

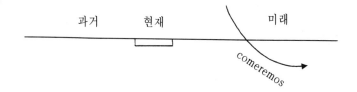

2) 용 법

① 미래의 행위를 나타낸다.

- Estudiaré. 나는 공부하겠다(＝Voy a estudiar)
- Iremos mañana al mercado. 내일 우리는 시장에 갈 것입니다.

② 현재에 있어서 가능성 있는 사실을 표현한다.

- ¿Cuántos años tiene Juan? 후안은 몇살이죠?
  Tendrá veinte años. 스무살일 겁니다. (상상·추측)
- Serán las dos. 두 시쯤 되었을 거다.
- ¿Quién llamará a esta hora? 이 시간에 누구일까?

③ 때때로 명령형으로 사용한다.

- No matarás. 살인하지 말아라.
- No mentirás. 거짓말하지 말아라.

④ 미래형 대신 ir a＋원형, haber de＋원형, 또는 단순히 현재를
가지고 미래를 나타낼 때도 있다.

- Voy a comprar un coche.(＝Compraré un coche) 차를 한

대 사겠다.

- Ella ha de venir pronto.(＝Ella vendrá pronto) 곧 올 것 이다.

2. 직설법 미래(불규칙)

다른 시제와 마찬가지로 불규칙동사가 있다.

decir : diré dirás dirá diremos diréis dirán

hacer : haré harás hará haremos haréis harán

poder : podré podrás podrá podremos podréis podrán

tener : tendré tendrás tendrá tendremos tendréis tendrán

문 장 연 습

1. ¿De dónde es Ud.? 당신은 어디 출신이신가요?

Soy coreano, de Seúl. 나는 한국인입니다. 서울 출신입니다.

2. ¿Cuánto tiempo estará Ud. aquí? 당신은 이곳에 얼마 동안 머무르
실 겁니까?

Unos 7 días. 약 7일간이요.

3. ¿Tiene algo que declarar? 뭔가 신고하실 것 있습니까?

No, no tengo nada. 아니요, 아무것도 없습니다.

4. ¿Es ésta la primera visita aquí? 이곳에 처음 오시나요? (첫 방문이신가요?)

No, he estado una vez en 1988. 아니요. 1988년도에 한 번 왔었죠.

❖ 필수회화 ❖

❶ 공항에서 작별 인사 ▬▬▬▬▬▬▬▬▬▬▬▬

• **Voy a despedirme de usted mañana en el aeropuerto.** 내일 공항에서 당신을 환송하겠습니다.

• **Le echaré de menos a Vd.** 당신을 그리워할 것입니다.

• **¡Buen viaje!** 즐거운 여행하시기를!

• **Quiero verle otra vez.** 당신을 다시 만나기를 원합니다.

❷ 공항에서의 환영 인사 ▬▬▬▬▬▬▬▬▬▬▬▬

- **Bienvenida** 환영
- **Bienvenido a Corea.** 한국에 오신 것을 환영합니다.
- **Voy a recibirle a Vd. en el aeropuerto.** 저는 공항으로 당신을 마중 나가겠습니다.
- **Gracias por su visita a Seúl.** 서울을 방문해 주셔서 감사합니다.

❖ 연습문제 ❖

A. 다음 질문에 답하시오.

1. **¿Qué busca Ud.?**
2. **¿Necesita algo Ud.?**
3. **¿Necesita algo más?**
4. **¿Se siente Ud. muy mal?**

B. 다음 문장을 스페인어로 옮기시오.

1. 고기가 덜 익었군요, 조금 더 익혀주세요.
2. 위스키를 주세요.
3. 첫 여행이신가요?
4. 예, 첫여행이며 겁이 납니다.

C. 괄호 안의 동사를 미래시제로 인칭 변화시켜 써 넣으시오.

1. Nosotros _____ paella. (comer)

2. ¿Qué _____ tú por la tarde? (aprender)

3. Vosotros _____ muchas novelas. (leer)

4. ¿Qué _____ ellos? (hacer)

5. Tú _____ hablar español. (poder)

해   답

A. 1. Busco mi asiento. No lo encuentro.

2. Necesito un vaso de agua.

3. Sí, una pastilla para calmar este dolor de cabeza.

   (＝Sí, un calmante, por favor.)

4. Sí, me siento mal, pero puedo aguantar. Gracias.

B. 1. Está aún cruda la carne, ¿puede Ud. cocer más esta carne, por favor?

2. Quiero whisky, por favor.

3. ¿Es su primera visita?

4. Sí, es mi primer viaje y tengo miedo.

C. 1. comeremos   2. aprenderás

   3. leeréis   4. harán

   5. podrás

▼둘시네아의 고향, 엘·또보소 마을 광장

Carlos dijo que él me invitaría a la fiesta.

Como de costumbre me levanté muy temprano para ir a la escuela. Mi madre me dijo que mi hermano estaba enfermo y tenía mucha fiebre. Parecía que él estaba resfriado. Mi hermano me dijo que él no podría ir a la escuela, porque él tenía dolor de cabeza y tenía fiebre. Mi madre dijo que ella le llevaría a él al médico por la mañana. Por eso yo fui solo a la escuela.

En la escuela Carlos me dijo que él invitaría a muchos amigos y amigas a la fiesta de su cumpleaños. Yo le prometí también que iría a su casa mañana. Me gustaría comprar una caja de chocolate para Carlos. Mi amigo Juan me dijo que él compraría cuadernos y lápices como regalo de cumpleaños.

Por la noche mi hermano estaba mucho mejor que por la mañana. El y yo vimos la televisión y escuchamos la radio.

Nos acostamos a la una de la madrugada.

제13과 까를로스는 나를 파티에 초대하겠다고 말했다.

여느 때처럼 나는 학교에 가려고 매우 일찍 일어났다. 어머니는 내 동생이 열이 나고 아프다고 말씀하셨다. 그는 감기에 걸린 것 같았다. 내 동생은 머리가 아프고 열이 나서 학교에 갈 수 없다고 내게 말했다. 어머니는 직접 동생을 데리고 아침에 의사를 찾아가시겠다고 말씀하셨다. 그래서 나는 혼자 학교에 갔다.

학교에서 까를로스는 내게 자기 생일 파티에 많은 남녀 친구들을 초대하겠다고 말했다. 나 역시 내일 그의 집에 가겠다고 약속하였다. 나는 까를로스에게 줄 쵸콜렛 한 상자를 사고 싶었다. 내 친구 후안은 자기는 그의 생일 선물로 공책과 연필을 사겠다고 말했다.

저녁이 되면서 내 동생은 아침보다 훨씬 나아졌다. 그와 함께 나는 TV.를 보고 라디오를 들었다. 우리는 새벽 한 시가 되어서야 잠이 들었다.

새로운 단어 ●────────────────────

costumbre ㉠ 습관   **enfermo(-ma)** ㉥ 병에 걸린
fiebre ㉠ 열, 발열   **resfriado(-da)** ㉥ 감기에 걸린

dolor ㉯ 고통, 통증   cabeza ㉠ 머리

médico ㉯ 의사   cumpleaños ㉯ 생일

prometer ㉣ 약속하다   caja ㉠ 상자

chocolate ㉯ 쵸콜렛   cuaderno ㉯ 공책, 수첩

lápiz ㉯ 연필   regalo ㉯ 선물

madrugada ㉠ 새벽, 여명

본문연구 ●────────────────────────

1. Como de costumbre me levanté muy temprano...

como de costumbre '여느 때처럼', '언제나 하던 대로'의 뜻으로
해석된다.

2. él tenía dolor de cabeza ...

이 문장은 le dolía la cabeza로 대치될 수 있다.

3. al volver a casa yo vi a mi hermano estar en la cama.

지각동사＋목적어＋inf.의 구문으로 inf.를 절로 바꾸면 yo vi que
mi hermano estaba en la cama.가 된다.

4. el cumpleaños

형태는 복수형이나 단수로 받는다. '생일'이라는 뜻이다.

Hoy es el cumpleaños de mi amigo Juan.

Juan cumlple 20 años hoy.

5. Por la noche mi hermano estaba mucho mejor que por la mañana.

mejor que는 bueno의 비교급으로 '보다 나은'의 의미를 지니며 정관사가 붙어 el mejor가 되면 '가장 좋은'이란 최상의 의미가 된다.

6. Mi madre me dijo que ella le llevaría a él al médico por la mañana.

llevaría는 가능법의 형태로, 지금을 시점으로 지난 과거에서 본 미래의 어느 시기에 이루어질 행동을 나타내고 있다.

문법해설 ●───────────────────────

1. 가능법

1) 규칙

동사의 원형에 다음의 어미가 첨가된다. 「-ía, -ías, -ía, -íamos, -íais, -ían」

인칭 \ 동사	comprar	comer	vivir	어 미
yo	compraría	comería	viviría	-ía
tú	comprarías	comerías	vivirías	-ías
él	compraría	comería	viviría	-ía
nosotros	compraríamos	comeríamos	viviríamos	-íamos
vosotros	compraríais	comeríais	viviríais	-íais
ellos	comprarían	comerían	vivirían	-ían

2) 불규칙

인칭 \ 동사	poder	tener	querer	hacer
yo	podría	tendría	querría	haría
tú	podrías	tendrías	querrías	harías
él	podría	tendría	querría	haría
nosotros	podríamos	tendríamos	querríamos	haríamos
vosotros	podríais	tendríais	querríais	haríais
ellos	podrían	tendrían	querrían	harían

3) 용법

(도해)

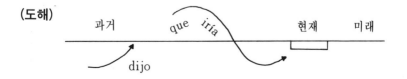

제13과 까를로스는 나를 파티에 초대하겠다고 말했다. *159*

① 과거로부터 본 미래의 표현

- Dijeron que comerían en casa. 그들은 집에서 먹을 것이라
  고 말했다.
- María dijo que iría. 마리아는 갈 것이라고 말했다.
- Mi madre prometió que volvería para mañana. 어머니는 내
  일 돌아 올 것이라고 약속했다.

② 과거의 상상을 표현

- ¿Cuántos años tenía Juan en aquel entonces ? 그 당시에
  후안은 몇 살이었죠 ?
- Tendría veinte años. 20살이었을 거야.
- Ellos no tendrían dinero para visitar. 그들은 방문하기 위
  한 돈을 갖고 있지 않았을 것이다.

③ 과거, 현재, 미래 어느 때든지 사실의 가능성을 표현

- Iríamos lo más pronto posible. 가능한 한 빨리 갈 것입니
  다.
- ¿Viviría Ud. en aquella casa ? 그 집에서 살 것입니까 ?
- Yo no podría volver pronto. 나는 곧 돌아올 수 없을 것이
  다.

④ 정중한 표현으로 사용된다.

- Desearía pedirle un favor. 당신에게 간청이 하나 있습니다.

• ¿Quería Ud. pasarme la sal ? 저에게 소금을 집어 주시겠습
니까?

⑤ 직설법 현재를 확실한 미래의 표현에도 쓸 수 있고 미래 시제나 가
능법을 현재의 표현에도 사용할 수 있다. 이 때는 발언자의 확신
의 정도에 따라 확실하다고 생각되면 현재를, 단지 그럴 것이라고
생각되면 미래를, 불확실하다고 생각되면 가능법을 쓴다.

• Es posible llegar ahí dentro de una hora. 한 시간 안에 그
곳에 도착할 수 있다.

• Será posible llegar ahí dentro de una hora. 한 시간 안에
그곳에 도착할 수 있을 것이다.

• Sería posible llegar ahí dentro de una hora.
한 시간 안에 그곳에 도착할 수 있을지도 모른다.

문 장 연 습

1. ¿Le importaría ayudarme a colocar las maletas ? 죄송하지만 가
방들을 놓는 데 도와주시겠습니까?

   ¡Cómo no ! Con mucho gusto. 물론이죠 ! 기꺼이 해 드리죠.

2. ¿Le importaría cerrar la ventana ? 죄송하지만 창문을 닫아 주시
겠습니까?

Estoy un poco resfriado y el aire no me sienta bien. 감기가 약간 들어서 바람이 들어와 불편하네요.

Ahora mismo la cierro. 지금 당장 닫지요.

3. **¿Te importaría bajar el volumen de la radio?** 죄송하지만 라디오 소리 좀 줄여 주시겠습니까?

Me duele un poco la cabeza. 머리가 아픕니다.

Lo siento. Si quieres, apago la radio. 미안합니다. 원하신다면 라디오를 끄겠습니다.

4. **Mi padre me dijo que él viajó a México.** 나의 아버지는 멕시코를 여행하셨다고 내게 말씀하셨다.

Mi padre me dijo que él viajaría a México. 나의 아버지는 멕시코를 여행하실거라고 내게 말씀하셨다.

5. **Jaime me dice que él va (irá) a España el año próximo.** 하이메는 내년에 스페인에 갈 것이라고 내게 말한다.

Jaime me dijo que él iría a España. 하이메는 스페인에 갈 것이라고 내게 말했다.

❖ 필수회화 ❖

❶ 자동차 사고를 당했을 때의 표현 ▆▆▆▆▆▆▆▆▆▆

- **Tuve un accidente de tráfico.** 제가 교통사고를 당했습니다.

- **Hubo un accidente.** 사고가 났습니다.

- **Hay varios heridos muy graves.** 다수의 중상자가 생겼습니다.

- **¿Puede usted llevarme a urgencias?**

  저를 응급실로 데려가 주실 수 있겠습니까?

- **¿Puede usted mandar aquí una ambulancia cuanto antes?**

  이곳으로 가능한 빨리 구급차를 보내 주실 수 있겠습니까?

- **Necesito un médico rápidamente.** 의사를 급히 불러 주세요.

❷ 병원에 가서 여러 가지 통증을 호소할 때 ▆▆▆▆▆▆▆▆

- **¿Qué le duele?** 어디가 아프세요?

- **Estoy mareado.** 멀미가 납니다.

- **No me siento bien.** 몸이 편하지 않군요.

- **He tenido vómitos.** 구토가 납니다.

- **Estoy embarazada.** 임신 중입니다.

- **Mi presión sanguínea es demasiado alta / baja.** 혈압이 너무 높아요. (낮아요.)

- **Tuve un ataque al corazón anoche.** 어제 밤 심장마비가 왔어요.

- **Tengo un dolor en el pecho/espalda/piernas/estómago/.** 가슴/등/다리/위가 아픕니다.

- **Está inconsciente.** 의식이 없군요.

- **Está sangrando mucho.** 피를 많이 흘려요.

- **Su brazo está roto.** 팔이 부러졌군요.

- **Su tobillo está hinchado.** 복사뼈가 부었어요.

❖ 연습문제 ❖

A. 다음 동사를 가능법으로 고치시오.

1. **Dijo que ellas no** _____ **a cenar.** (venir)

2. **Dijeron que tú** _____ **la radio.** (comprar)

3. **Dijiste que ellos** _____ **mucho tiempo con ella.** (tener)

B. 보기와 같이 문형을 바꾸시오.

   보기 : **Llegaré el próximo martes.–Dijo que llegaría el próximo martes.**

1. Usaré tu coche.

2. Compraré una guitarra.

3. He visto ese programa.

C. 스페인어로 옮기시오.

1. 그녀는 학교에 가지 않을 것이라고 말했다.

2. 그들은 여행을 갈 것이라고 말했다.

3. 그는 곧 올 것이라고 말했다.

해 답

A. 1. vendrían 2. comprarías 3. tendrían

B. 1. Dijo que usaría tu coche.

2. Dijo que compraría una guitarra.

3. Dijo que vería ese programa.

C. 1. Ella dijo que no iría a la escuela.

2. Ellos dijeron que harían un viaje.

3. El dijo que vendría pronto.

LECCION — 14 — Deseo que tenga feliz Año Nuevo

Hay muchas fiestas tradicionales en Corea. El festival más importante de Corea es el de Año Nuevo. El primer día del primer mes, según el calendario lunar, toda la familia se reúne y celebra ritos ancestrales. En ese día se sirve un plato especial llamado Tok-guk. Los niños hacen un saludo reverencial de Año Nuevo a sus padres y a los mayores, y los niños reciben regalos de dinero y comidas. En ese día festivo todos se visten con traje típico coreano llamado Hanbok.

Al hacer reverencia a sus padres, los niños dicen que tengan feliz y próspero Año Nuevo. A su vez los padres les dicen a sus niños que sean buenos chicos y reciban muchas bendiciones. En las calles todos intercambian saludos "¡Que tenga feliz Año Nuevo ! ".

En la estación otoñal de recolección, los coreanos expresan su agradecimiento a la naturaleza y a sus antepasados. Todo el pueblo coreano celebra el Chusok, que es una festividad de la cosecha y un día de agradecimiento. El Chusok cae el 15 de agosto según el calendario lunar. El Chusok equivale al día de acción de gracias de los EE.UU.

La gente saluda a la luna llena pidiendo que les traiga muchas felicitaciones y mucha suerte en los días que vienen. Además todos disfrutan de muchos juegos tradicionales como el columpio. Es muy importante que los coreanos conserven muy bien las costumbres tradicionales en la vida cotidiana.

제14과 즐거운 새해를 맞이하시길 바랍니다.

한국에는 전통적인 명절들이 아주 많다. 한국에서 가장 중요한 명절은 바로 정월 초하루이다. 음력으로 1월 1일에 해당하는 이 날, 모든 가족들이 한자리에 모여 차례를 지낸다. 이 날 '떡국'이라는 특별 음식이 차려진다. 아이들은 부모님과 어른들께 새해 큰 절을 올리고 선물로 세뱃돈과 과자를 받는다. 이 명절에 모두들 한복이라는 한국 전통 의복을 차려 입는다.

부모님들께 세배를 드리며 아이들은 새해 복 많이 받으시라고 인사를 드린다. 이에 부모님들은 아이들에게 착한 어린이가 되어 복 많이 받으라고 덕담을 하신다. 거리에는 모두들 서로에게 새해 복 많이 받으라고 인사를 한다.

결실의 계절 가을이 되면 한국 사람들은 자연과 조상들에게 감사를 드린다. 모든 한국 사람들은 수확의 축제이며 감사의 날인 추석이라는 명절을 축하한다. 추석은 음력으로 8월 15일이다. 추석은 미국의 추수 감사절에 해당한다.

사람들은 하늘의 보름달에 절을 드리며 앞으로 많은 복과 행운을 기원한다. 그리고 사람들은 그네와 같은 민속 전통 놀이를 즐긴다. 한국인들에게는 일상 생활속에서 전통적인 관습들을 잘 이어 나가는 것이 매우 중요하다.

새로운 단어 ●———————————————

fiesta ㉖ 축제

calendario ㉛ 달력, 월력

rito ㉛ 의식, 의례

plato ㉛ 접시, 요리

reverencia ㉖ 존경, 경의

comida ㉖ 음식, 식사

bendición ㉖ 축복

próspero(-ra) ㉫ 번영하는

intercambiar ㉮ 교환하다

agradecimiento ㉛ 감사

cosecha ㉖ 수확, 추수

acción ㉖ 행동, 행위

suerte ㉖ 운명, 행운

cotidiano(-na) ㉫ 일상의

festival ㉛ 축제, 음악제

lunar ㉫ 달의

ancestral ㉫ 조상의, 선조의

servirse ㉷ 식사가 준비되다, 쓰
이다

mayor ㉛ 연장자, 어른

típico(-ca) ㉫ 전형적인

recolección ㉖ 수확, 회수

felicitación ㉖ 축하

naturaleza ㉖ 자연, 산수

caerse ㉸ 쓰러지다. 해당하다

lleno(-na) ㉫ 가득찬, 충만한

columpio ㉛ 그네

본문연구●

1. El festival más importante de Corea. . . . .

이 문장은 El festival de Corea más importante의 의미로 비교급이 이후에 비교되는 대상없이 단독으로 쓰이면 최상의 의미를 지니게 된다.

2. celebrar ritos ancestrales

'차례를 지내다.'의 뜻이다.

3. hacer un saludo reverencial

'절을 올리다.'(=hacer reverencia)

4. Los niños dicen que tengan Feliz y Próspero Año Nuevo.

주절의 동사가 의도를 담고 있을 경우 종속절의 주어가 주절의 주어와 다를 때는 접속법을 쓴다.

5. El Chusok cae el 15 de agosto según el calendario lunar.

caer는 '-에 해당된다.'라는 뜻의 자동사이다.

• Mi cumpleaños de este año cae en domingo. (올해 내 생일은 일

요일이다.)

6. **Es muy importante que los coreanos conserven muy bien las costumbres**…(=**Para los coreanos es muy importante conservar**…으로 바꿔 쓸 수 있다.)

주관적인 화자의 평가 의견이 함축됨으로써 무인칭의 표현에서 접속법이 사용되었다.

문법해설 ●

1. 접속법 현재

접속법이란 미경험성 내지는 불확실성을 내포하면서 일반적으로 주절의 동사의 영향을 받는 종속절의 동사에 쓰인다. 영어 등 일부 서구의 주요 언어들에서는 접속법이 쇠퇴하는 현상을 빚는데 반해 스페인어에서는 아직도 접속법이 활발히 쓰이고 있다. 접속법은 앞으로의 불확실한 사실을 표현하는 '가정법'이라 해도 좋다. 그러나 주의해야 할 점은 주절의 주어와 종속절의 주어가 다르다는 점이다.

① "비가 내릴지 의심스럽다." ② "비가 내리지 않기를 바란다." ③ "비가 내리더라도 가겠다." ④ "비가 내릴까 걱정된다."와 같은 표현들은 외국인이 한국어로 말할 경우도, 똑같이 어려움을 느낀다. 왜냐하면 이러한 표현에는 화자의 개인적인 생각이나 기분이 들어 있어서 단순히 "비가 내린다." "비가 내렸다." 라고 하는 객관적 사실의 서술과는 다르기 때문이다. 그러면 이같은 미묘

한 뉘앙스를 스페인어에서는 어떻게 표현할까 ? 바로 이런 경우에 접속법을
사용하는 것이다.

① Dudo que llueva.

② Deseo que no llueva.

③ Iré aunque llueva.

④ Temo que llueva.

주절의 동사가 소망·기원·명령·의심·충고·두려움 등을 나타낼 때, 명사
절의 동사는 접속법을 써야한다. 예를 들어 desear, esperar, pedir, querer,
permitir, no creer, mandar, dudar, temer, aconsejar와 같은 동사 등이 있다.

1) 규칙

접속법 동사 변화는 '직설법 현재 1인칭 단수 변화형의 어간'을 취하는 것이
특징적이며, 또한 직설법 현재 변화시의 어미 모음 a와 e(또는 i)는 서로 교환
된다.

동사\인칭	-ar	-er	-ir
yo	estudie	beba	viva
tú	estudies	bebas	vivas
él	estudie	beba	viva
nosotros	estudiemos	bebamos	vivamos
vosotros	estudiéis	bebáis	viváis
ellos	estudien	beban	vivan

2) 불규칙

인칭 \ 동사	hacer(hago)	tener(tengo)	salir(salgo)	venir(vengo)
yo	haga	tenga	salga	venga
tú	hagas	tengas	salgas	vengas
él	haga	tenga	salga	venga
nosotros	hagamos	tengamos	salgamos	vengamos
vosotros	hagáis	tengáis	salgáis	vengáis
ellos	hagan	tengan	salgan	vengan

3) 무인칭 표현에서 쓰는 접속법

Es+형용사+que+접속법

형용사에 따라 접속법을 써야 하는지 쓰지 말아야 하는지 결정되는데 이것은 무인칭 표현이어서 객관적 서술이라고 생각하기 쉬우나 실은 종속절의 내용은 화자의 견해이며 주관적이기 때문에 접속법을 쓰게 된다.

① Es+형용사(화자의 평가 의견의 함축)

absurdo, bueno, mejor, conveniente, difícil, importante, natural, necesario, dudoso, indispensable, útil, inútil, etc.

• Es mejor que digas la verdad. 사실을 말하는 것이 낫다.

• Es importante que lo sepa. 그것을 아는 것은 중요하다.

• Es bueno que venga él. 그가 오는 것이 좋다.

② Es+형용사(감정 내용) 또는 명사

  curioso, dudoso, extraño, raro, interesante, triste, grato, lástima, una pena, una vergüenza, etc.

  • Es curioso que haga el trabajo. 그 일을 할지 궁금하다.

  • Es dudoso que se mejore. 나아질지 의심스럽다.

  • Es extraño que estemos ya en México. 우리가 이미 멕시코에 있는 것은 이상하다.

③ Es+형용사(가능성=불확실한 내재)

  posible, probable, increíble, imposible.

  • Es posible (imposible) que yo le acompañe. 내가 그를 동반하는 것은 가능하다. (불가능하다.)

  • Es probable que llegue mañana. 내일 도착할 수도 있다.

  • Es increíble que venga esta noche. 오늘 밤에 온다는 것은 믿기 어렵다.

문 장 연 습

1. ¿Quieren ustedes que les sirva la comida? 음식을 제공해 드릴까요?

Sí, deseamos que usted nos sirva. 네, 당신이 서브해 주시길 바랍니다.

2. **Los padres no permiten fumar a los niños.** 부모들은 아이들이 흡연하는 것을 허락하지 않는다.

Los padres no permiten que los niños fumen. 부모들은 아이들이 흡연하는 것을 허락하지 않는다.

3. **Los profesores prohíben hablar a los alumnos en la clase.** 교수들은 학생들이 수업 중에 떠드는 것을 금지한다.

Los profesores prohíben que los alumnos hablen en la clase. 교수들은 학생들이 수업 중에 떠드는 것을 금지한다.

4. **Te digo que vayas a la escuela a las 2 de la tarde.** 나는 네가 오후 2시에 학교에 갈 것을 말한다.

Te digo que yo iré a la escuela a las 2 de la tarde. 나는 오후 2시에 학교에 갈 것이라고 네게 말한다.

5. **Me es posible aprender una lengua extranjera.** 내게 외국어를 배우는 것은 가능하다.

Es posible que yo aprenda una lengua extranjera. 내가 외국어를 배우는 것은 가능하다.

6. **Es necesario que todos limpien siempre la habitación.** 모두들 방을 항상 깨끗이 하는 것이 필요하다.

Es preciso que todos vayan a España para estudiar español. 스페인
어를 공부하러 스페인에 가는 것이 필요하다.

❖ 필수회화 ❖

❶ 'Desear'(원하다.) 동사를 써서 기원문을 만드는 표현.

• **Deseo que tenga buen viaje.** 즐거운 여행이 되길 바랍니다.

• **Deseo que tenga feliz y próspero Año Nuevo. / Feliz
Navidad.** 행복하고 번창한 새해가/행복한 성탄이 되길 바랍니다.

• **Deseo que reciba más felicitaciones durante el Año Nuevo.**
새해에는 보다 많은 축복을 받으시길 바랍니다.

• **Deseo que se diviertan mucho en la fiesta.** 축제 때 즐겁게 지
내길 바랍니다.

• **Deseo que tenga feliz fin de semana.** 즐거운 주말이 되길 바랍
니다.

• **Deseo que tenga felices vacaciones. (feliz cumpleaños.)** 즐
거운 휴가가(생일이) 되길 바랍니다.

• **Deseo que sea de su agrado mi regalo.** 나의 선물이 당신께 즐
거움이 되기를 바랍니다.

- **Deseo que tenga feliz y placentera estancia aquí en Seúl.**
  여기 서울에서 행복하고 즐거운 시간들이 되길 바랍니다.

- **Deseo que le guste Corea.** 한국이 마음에 드시길 바랍니다.

❷ 'No hace falta' '-할 필요가 없다.'의 접속법 구문 표현법

- **No hace falta que vayas a trabajar mañana.** 내일 일할 필요가
  없다.

- **No hace falta que tú compres frutas. Tenemos bastantes.**
  과일을 살 필요가 없다. 우리는 충분히 가지고 있다.

- **No hace falta que me esperes.** 나를 기다릴 필요가 없습니다.

- **No hace falta que encienda la luz.** 불을 켤 필요가 없습니다.

- **No es necesario que hagas reservación de hotel.** 호텔을 예약
  할 필요가 없다.

❖ 연습문제 ❖

A. 접속법 혹은 직설법을 쓰시오.

1. **Yo creo que mañana** _____ . (nevar)

2. **Estoy seguro de que tú** _____ **simpático.** (ser)

3. Te digo que _____ aquí. (salir)

4. No creo que ella _____ enferma. (estar)

5. Te deseo que _____ buen viaje. (tener)

6. Te pido que me _____ a llevar las maletas. (ayudar)

7. El profesor nos dice que _____ los ejercicios. (hacer)

8. La madre le prohíbe al niño que _____. (salir)

9. Te ordeno que _____ inmediatamente. (venir)

10. Le pido que _____ antes de las nueve. (llegar)

11. Les digo que me _____ a menudo. (escribir)

12. Les aconsejo que ellos _____ directamente a sus
    cuartos. (ir)

13. Pedro desea que su hermana _____ bien el español.
    (estudiar)

14. Te ruego que tú me _____ en seguida. (llamar)

15. Mis padres quieren que yo _____ pronto. (volver)

B. 보기와 같이 문형을 바꾸시오.

　　보기 : Te hago trabajar mucho. ―Te hago que trabajes
　　　　　mucho.

　　　　　1. Les permito salir de casa.

　　　　　2. Nos manda escribir la carta.

　　　　　3. Te dejo usar la máquina.

C. 스페인어로 옮기시오.

1. 나의 어머니는 내가 공부를 열심히 하기를 바라신다.

2. 나는 그에게 숙제를 하라고 명령한다.

3. 이사벨은 그녀의 친구에게 내일 방문해 달라고 말한다.

해 답

A. 1. nieva 2. eres 3. salgas 4. esté 5. tengas 6. ayudes 7. hagamos
8. salga 9. vengas 10. llegue 11. escriban 12. vayan 13. estudie 14.
llames 15. vuelva

B. 1. Les permito que salgan de casa.

2. Nos manda que escribamos cartas.

3. Te dejo que uses la máquina.

C. 1. Mi madre desea que yo estudie mucho.

2. Le ordeno a él que haga la tarea.

3. Isabel le dice a su amiga que visite mañana.

¿Quién será? 🎵

Quién será la que me quiera a mí
Quién será quién será.
Quién será la que me dé su amor,
Quién será, quién será Yo no sé si la podré encontrar,
yo no sé, yo no sé.
Yo no sé si volveré a querer, yo no sé yo no sé.
He querido volver a vivir la pasión y el calor
de otro amor, de otro amor que me hiciera sentir
que me hiciera feliz, como ayer lo fui.
Quién será la que me quiera a mí, quién será quién será.
Quién será la que me dé su amor, quién será, quién será.
Quién será la que me quiera a mí,
quién será, quién será, quién será.

누구일까? 🎵

나를 사랑해 주실 님은 누구일까?
과연 누구일까? 누구일까?
나에게 사랑을 가져다 주실 님은 누구일까?
과연 누구일까? 누구일까?
그녀를 만날 수 있을지 나 역시 알 수 없어요.
알 수 없어요. 난 알 수 없어요.
또 다시 사랑을 할 수 있을지 알 수 없어요.
알 수 없어요. 난 알 수 없어요.
난 또 다른 사랑의 정열과 열정을 살리고 싶어요.
마치 지난 시절처럼,
내가 행복하다고 느끼게 해 줄
또 다른 사랑의 정열과 열정을 살리고 싶어요.
나를 사랑해 주실 님은 누구일까?
과연 누구일까? 누구일까?
내게 사랑을 가져다 주실 님은 누구일까?
과연 누구일까? 누구일까?
나를 사랑해 주실 님은 누구일까?
누구일까? 누구일까? 누구일까?

LECCION

— *15* — *Busco un piso que sea barato*

A : Hola, ¿qué haces aquí?

B : Debo buscar un piso que sea barato y confortable.

A : ¿Dónde lo prefieres?

B : Si es posible, me gusta vivir cerca de la universidad.

A : Creo que en esta zona no hay piso tan barato. La vida

urbana es muy cara.

B : Pero voy a buscar un piso que no esté muy lejos de

aquí.

A : ¿Por qué quieres buscar el piso?

B : Porque mis padres se trasladaron a Pusan. Estoy solo

aquí. Deseo que tú me acompañes a buscar un piso, si

no te molesta.

A : Sí, pero tengo que esperar a mi amiga Isabel. Va a

llegar dentro de un rato.

B : No creo que Isabel llegue a tiempo. Pues hay mucho

tráfico en el centro hoy. En tal caso buscaré a un amigo que pueda acompañarme hoy todo el día.

A : Siento mucho por no poder ir contigo.

B : No te preocupes.

본문번역 ●

제15과 값싼 아파트를 찾고 있습니다.

A : 안녕, 여기서 뭐하고 있니 ?

B : 값싸고 안락한 아파트를 찾아야만 해.

A : 어디를 원하는데 ?

B : 가능하다면, 대학 부근에서 살고 싶어.

A : 이 지역에는 그렇게 싼 아파트는 없을 거라고 생각되는데. 도시 생활은 돈이 많이 들어.

B : 하지만 여기서 그리 멀지 않은 곳에서 아파트를 찾아야만 해.

A : 왜 아파트에서 살려고 하니 ?

B : 우리 부모님이 부산으로 이사를 가셨거든. 그래서 지금 여기 혼자 있어. 괜찮다면 아파트 찾는데 네가 함께 따라가 주었으면 좋겠어.

A : 그럴께, 하지만 난 이사벨을 기다려야 해. 그녀는 곧 도착할 거야.

B : 이사벨이 제 시간에 오지는 못할텐데. 오늘 도심지가 아주 붐비거든. 그렇다면 오늘 하루내내 나를 따라 다녀줄 친구를 찾아야겠는걸.

A : 함께 가주지 못해 정말 미안하구나.

B : 걱정하지 마.

새로운 단어 ●────────────────────────

piso ⓐ 계단, 층, 아파트

preferir ⓔ -를 선호하다

zona ⓐ 지대, 구역

acompañar ⓔ 동반하다

molestar ⓔ 괴롭히다

barato(−ta) ⓗ 저렴한, 싼

confortable ⓗ 안락한

urbano(−na) ⓗ 도시의

trasladarse ⓐⓖ 이주하다

preocuparse ⓐⓖ 염려하다, 걱정
하다

※ 스페인에서의 piso는 방 3개 이상 있는 아파트를 지칭한다. 방 2개의 작은
아파트의 경우는 el apartamento, 방 하나로 쓰이는 경우는 el estudio라 구
분한다.

본문연구 ●────────────────────────

1. Debo buscar un piso que sea barato y confortable.

deber 동사는 tener que 로 대체될 수 있으며, 아파트 un piso 가 불
확실한 대상이므로 관계 대명사 que이하의 절에 접속법을 사용하
였다. 만약 선행사가 구체적이고 확실한 대상을 지칭할 때는 직설

법을 써야 한다.

2. ¿Dónde lo prefieres?

preferir 동사는 '-을 선호하다.'라는 뜻으로 a와 함께 쓰여 preferir
A a B는 'B보다는 A를 더 선호하다.'라는 비교급의 의미를 가지
게 된다.

3. Deseo que tú me acompañes a buscar un piso, ...

주절의 동사 desear 의 주어와 종속절의 acompañar 의 주어가 다르
고 주절의 동사가 의도를 담고 있으므로 종속절의 동사는 접속법이
된다.

4. En tal caso, ...

'그런 경우에는'이라고 해석되며 함께 en este caso, en cualquier
caso 등은 '이 경우에는', '어떤 경우에도'라는 뜻을 지닌다.

문법 해설 ●━━━━━━━━━━━━━━━━━━━━━━━

1. 형용사절에서의 접속법

'명사나 대명사＋que＋접속법'의 형식에서 형용사절의 동사는 선행사와의
관계에 따라 직설법이나 접속법으로 구별되어 쓰인다. 선행사가 부정(不定)

대명사가 되어 있을 때, 선행사의 내용이 불분명할 때 접속법을 쓴다.

• Tengo una habitación que tiene mucho sol. 햇볕 잘 드는 방을 가지고 있다.

• Quiero una habitación que tenga mucho sol. 햇볕 잘 드는 방을 가지고 싶다.

• Los alumnos que estudien mucho aprobarán el examen. 열심히 공부한 학생들은 시험에 붙을 것이다.

• ¿Conoces a alguien que pueda ayudarnos? 우리를 도와줄 사람을 알고 있나요?

• Quiero darte algo que no tengas. 네가 가지고 있지 않은 어떤 것을 네게 주고 싶다.

• No tengo ningún amigo que sea extranjero. 나는 외국 친구는 한 사람도 없다.

2. 접속법 불규칙 동사

conocer:conozca, conozcas, conozca, conozcamos, conozcáis, conozcan.

tener :tenga, tengas, tenga, tengamos, tengáis, tengan.

ir :vaya, vayas, vaya, vayamos, vayáis, vayan.

saber :sepa, sepas, sepa, sepamos, sepáis, sepan.

poder :pueda, puedas, pueda, podamos, podáis, puedan.

동사 인칭	querer	pedir	dar	estar	ser	haber
단 1	quiera	pida	dé	esté	sea	haya
2	quieras	pidas	des	estés	seas	hayas
수 3	quiera	pida	dé	esté	sea	haya
복 1	queramos	pidamos	demos	estemos	seamos	hayamos
2	queráis	pidáis	deis	estéis	seáis	hayáis
수 3	quieran	pidan	den	estén	sean	hayan

문 장 연 습

1. **Buscaremos una oficina que sea confortable.** 안락한 사무실을 찾습니다.

   Es necesario que usted vaya al centro para buscar la oficina. 사무실을 구하려면 중심가로 나가야 할 것입니다.

2. **¿Conoce a alguien que hable bien el español?** 스페인어를 잘 하는 사람을 아시나요?

   Sí, conozco a una señorita que habla español. 네, 스페인어

를 말하는 아가씨를 알고 있습니다.

3. Le pido que usted me presente a esa señorita. 그 아가씨에게
저를 소개시켜 주세요.

Sí, con mucho gusto. 기꺼이 그러죠.

4. Necesito un intérprete. 통역관이 필요합니다.

¿Hay alguien aquí que hable inglés? 영어를 할 줄 아는 사람이
여기 있나요?

❖ 필수회화 ❖

❶ '-을 스페인어로 무엇이라고 합니까?'라는 표현 █████████

- **¿Cómo se dice "apple" en español?** 스페인어로 사과를 무엇이
라고 합니까?

- **Se dice manzana.** "만사나"라고 합니다.

- **¿Cómo se dice esto en inglés?** 이것을 영어로는 무엇이라고 합
니까?

- **Se dice "apple".** "애플"이라고 합니다.

❷ 'querer decir'(-을 의미하다.)의 표현 █████████

- ¿Qué quiere decir esto? 이것은 무엇을 말하는 것입니까?

- Esto quiere decir 'amor'. 이것은 사랑을 의미합니다.

- ¿Qué quiere decir este signo? 이 신호는 무엇을 가리킵니까?

- Este quiere decir 'parada'. 이것은 정류장을 나타냅니다.

❸ '화장실이 어디 있습니까?'라는 표현

- ¿Dónde están los servicios/aseos/lavabo/cuarto de baño? 화장실이 어디 있습니까?

- ¿Dónde está la oficina de información? 안내실이 어디 있습니까?

- ¿Dónde está el conserje? 수위는 어디 있지요?'

- ¿Dónde está la salida de emergencia? 비상구가 어디에 있습니까?

❖ 연습문제 ❖

A. 다음 두 문장을 하나로 적절히 만드시오.

　보기 : Buscaremos una casa. La casa debe estar cerca del centro.

－Buscamos una casa que esté cerca del centro.

1. Busco un estudiante.   Debe hablar inglés.

2. Deseo leer tus poemas.   Tus poemas deben ser interesantes.

3. Necesitan una secretaria.   Debe hablar inglés.

B. 스페인어로 옮기시오.

1. 나는 피아노를 치는 친구를 원합니다.

2. 우리가 스페인을 여행하는 것은 가능하다.

3. 스페인어를 말하는 사람이 있습니까?

C. 괄호 안의 단어를 적절히 변화시키시오.

1. Es interesante que tú _____ texto. (leer)

2. Es importante que tú _____ a la universidad. (ir)

3. Es imposible que Ud. _____ el puente. (construir)

해   답

A. 1. Busco un estudiante que hable inglés.

2. Deseo leer tus poemas que sean interesantes.

3. Necesitan una secretaria que hable inglés.

B. 1. Deseo un amigo que toque el piano.

   2. Es posible que nosotros viajemos a España.

   3. ¿Hay alguien que hable español?

C. 1. leas 2. vayas 3. construya

▼ 마드리드의 엘·쁘라도 박물관

LECCION
— 16 — Cuando lleguemos al hotel

(En un autocar de turismo)

Kim : Buenas tardes y bienvenidos a Kyongchu en nombre de Kyongchu Tours.

Me llamo Kim y seré su guía en las visitas a las ruinas del Reino Sinla (a. C. 57 – d. C. 935) en Kyongchu.

¿Me oyen bien al fondo?

Turistas : ¡Sí!

Kim : Estupendo, muchas gracias. Bien dentro de unos momentos llegaremos a Kyongchu, antigua capital de Sinla. Nos hospedaremos en el Hotel Kyongchu, que está muy cerca del Templo Bulguk. Espero que disfruten de su visita a la ciudad. Muchas gracias.

Turista : Oiga, Kim, ¿puede darme un plano de la

ciudad ?

Kim : ¡Cómo no! Cuando lleguemos al hotel, daré a
todos un plano y les diré dónde pueden ir a cenar o comprar artesanía y todo eso.

Turista : ¿Cómo es la ciudad, Kyongchu ?

Kim : Puedo decirles que Kyongchu es un museo sin
paredes, pues está llena de reliquias de la
Corea antigua. Entre todos, el Templo Bulguk
y la Gruta de piedra, Sokgulam son los más
destacados.

Turista : ¿Qué vamos a hacer mañana por la mañana ?

Kim : Si hace buen tiempo, mañana veremos la salida
del sol en el monte Toham.

Turista : Ah, muy bien, gracias.

Kim : No hay de qué.

본문번역 ●───────────────────

제16과 호텔에 도착하면

(관광버스 속에서)

김　：안녕하세요. 경주 여행사를 대표해 경주에 오신 것을 환영합니다. 제
　　　이름은 김이며 경주의 신라 유적지 관광을 안내할 안내원입니다. 뒤에
　　　까지 제 말 잘 들리세요?

관광객들：네.

김　：좋아요, 감사합니다. 잠시 후 우리는 신라의 옛 도읍지인 경주에 도착
　　　하게 됩니다. 우리는 불국사 부근에 있는 경주 호텔에 투숙할 예정입
　　　니다. 즐거운 경주 방문이 되길 바랍니다. 감사합니다.

관광객：저, 김 선생님. 시가지 지도 한 장 주실 수 있겠습니까?

김　：물론이죠. 호텔에 도착하면 여러분 모두에게 지도를 드리고 어디를 가
　　　면 저녁을 먹을 수 있고, 어디를 가면 공예품을 살 수 있는지 모든 것
　　　을 알려드리겠습니다.

관광객：경주는 어떤 도시입니까?

김　：경주는 벽이 없는 하나의 박물관이라고 말할 수 있습니다. 왜냐하면
　　　고대 한국의 유적들로 가득 차 있기 때문이죠.
　　　무엇보다도 불국사와 석굴암이 가장 두드러진 것들 입니다.

관광객：내일 아침에는 무엇을 하지요?

김　：날씨가 좋으면 아침에 토함산에 올라가 해돋이를 구경할 예정입니다.

관광객：아, 정말 좋아요. 감사합니다.

김　：천만에요.

새로운 단어 ●━━━━━━━━━━━━━━━━━━

autocar ㉐ 대형버스, 관광버스

guía ㉀ 안내, 길잡이

fondo ㉐ 바닥, 안쪽

antiguo(-gua) ㉗ 오래된, 해묵은

plano ㉐ 평면, 도면, 지도

bienvenido(-da) ㉗ 환영의

bienvenida ㉀ 환영, 안착

ruina ㉀ 붕괴, 몰락, 폐허

estupendo(-da) ㉗ 굉장한, 심한

templo ㉐ 절, 사찰, 사원

artesanía ㉀ 수공예

pared ㉀ 벽, 담

reliquia ㉀ (주로 복수형) 유물,
유적

destacado(-da) ㉗ 돋보이는, 두드
러진

gruta ㉀ 바위 굴, 동굴

salida ㉀ 출(出), 출구

본문연구 ●━━━━━━━━━━━━━━━━━━

1. **Bienvenidos a Kyungchu en nombre de Kyungchu Tours.**

en nombre de는 '-을 대신해서, -을 대표해서'라는 숙어 표현이다.

2. ¿Me oyen bien al fondo?

'내말이 잘 들리는지요?'라는 뜻으로 상대의 반응을 묻고 있다.

3. dentro de unos minutos...

'몇 분 이내에'라는 뜻.

4. el Hotel Kyongchu, que está muy cerca del...

여기서 Hotel Kyongchu는 구체적 대상을 지칭하므로 접속법(esté)
대신 직설법(está)이 뒤따라 왔다.

5. la Corea antigua, '고대한국'

국명에 형용사가 수식을 하면 정관사를 꼭 써준다.

문법해설 ●

1. 부사절에서의 접속법

부사절에서 접속법을 사용할 것인지 사용하지 않을 것인지 그 열쇠를 쥐고
있는 것은 부사구이다. 그리고 이 부사구는 두 개의 그룹으로 나뉘어진다.

즉 부사구에 따라서 경험된 사실을 말하면 직설법 시제를 사용하고, 미경험 사실을 말할 때에는 접속법을 사용한다. 그러나 항상 접속법을 요구하는 구문을 잘 기억해 두어야 한다.

- Cuando hace frío, me pongo el abrigo. 추우면, 나는 외투를 걸친다. (경험적 사실)

- Cuando haga frío, me pondré el abrigo. 추우면, 나는 외투를 걸칠 것이다. (미경험)

1) 항상 접속법을 요구하는 부사구

① antes (de) que('-하기 전에')
- Antes de que te vayas, cierra la puerta. 가기 전에 문을 닫아라.

② para que('-하도록')
- Abra la ventana para que entre el aire fresco. 신선한 바람이 들어오도록 창문을 열어라.

③ sin que('-하지 않고')
- Me levanto sin que nadie me despierte. 아무도 나를 깨워주지 않아도 나는 일어난다.

④ a menos que('-하지 않는다면')
- No iré a menos que tú quieras. 네가 원하지 않는다면 나는 가지 않을 것이다.

⑤ a condición de que('-라는 조건으로')

• Te lo diré a condición de que no lo cuentes a nadie. 네가 아무에게도 말하지 않는 조건으로 너에게 그것을 말해 주겠다.

2) 직설법과 접속법을 함께 취하는 접부사구

① cuando('-할 때')

┌Ella trae sus libros cuando viene. (습관) 그녀는 올 때 책들을 가져온다.

└Traiga sus libros cuando venga. (명령, 미래) 올 때 당신의 책들을 가져오시오.

② aunque(-일지라도)

┌Aunque estudió mucho, no aprobó. (경험) 열심히 공부했지만 떨어졌다.

└Aunque estudie mucho, no aprobará. (미래) 열심히 공부하지만 붙지 못할 것이다.

③ hasta que(-할때까지)

┌No lo leí hasta que me lo dijiste.(경험) 네가 그것을 말할 때까지 그것을 읽지 않았다.

└No lo leeré hasta que me lo digas. 네가 그것을 말할 때까지 그것을 읽지 않을 것이다

④ mientras(-하는동안)

┌Que se diviertan mientras puedan. 할 수 있는 한 즐거라.

└Siempre lee periódicos mientras come.(습관) 그는 먹을 때

늘 신문을 읽는다.

⑤ a pesar de que(-임에도 불구하고)

A pesar de que Juan era inteligente no logró su propósito. 후안은 영리함에도 불구하고 그의 목적을 달성하지 못했다.

A pesar de que Juan sea inteligente no logrará su propósito. 후안이 영리할지라도 그의 목적을 달성하지 못할 것이다.

⑥ como(-처럼)

Lo hice como Ud. me mandó. 당신이 내게 명령한 대로 그것을 하였다.

Lo haré como Ud. me mande. 당신이 명령하는대로 그것을 하겠습니다.

⑦ después (de) que (-한 후에)

Después de que termina, ella viene. 끝낸 다음 그녀는 온다.

Después de que termine, ella vendrá. 끝낸 다음에야 그녀가 올 것입니다.

문 장 연 습

1. **¿Cree usted que Juan volverá hoy?** 후안이 오늘 돌아오리라 믿니?

   No, no creo que Juan vuelva hoy. 아니, 후안이 오늘 오리라고 생각 안해.

2. **Yo iré de excursión después de que Juan vuelva a casa.** 후안이 돌아온 다음에 나는 소풍을 갈 것이다.

   Yo tengo que esperar hasta que mis padres lleguen a casa. 나는 나의 부모님이 집으로 돌아오실 때까지 기다려야 한다.

3. **Cuando hace frío, me pongo el abrigo.** 추우면 나는 외투를 걸친다.

   Cuando haga frío, me pondré el abrigo. 추우면 외투를 걸칠 것이다.

4. **El profesor habla despacio para que los alumnos entiendan bien.**
   교수는 학생들이 이해하기 쉽도록 천천히 말한다.

   Quiero mandar a mi hijo a España para que él pueda practicar

español.

나는 내 아들이 스페인어를 연습할 수 있도록 스페인에 보내고 싶다.

❖ 필수회화 ❖

① **숙박 업소의 종류** ▬▬▬▬▬▬▬▬▬▬▬

• **Quiero hospedarme en este hotel.** 이 호텔에 투숙하고 싶습니다. '

※호텔에는 별 1개부터 5개 최상급까지 다양한 등급이 있음.

el hostal—호텔보다 낮은 급수로 많이 이용함. (별 1개부터 3개까지 있음)

la residencia—여관급 숙박시설

la pensión/la fonda—저렴한 여인숙

el camping—캠핑(국가에서 캠핑 허용 구역을 정해 놓고 있음.)

el parador—古城을 개조하여 만든 호텔로 국가가 경영(낭만과 정취가 넘친다.)

el albergue—젊은 학생들을 위한 유스 호스텔로써 국가가 경영한다.

❷ 음료나 칵테일을 청할 때 ▰▰▰▰▰▰▰▰▰▰▰▰▰▰▰

• **Me da una caña, por favor.** 맥주 한잔 주세요. (caña라는 말은 생맥주로 스페인에서 주로 사용한다.)

• **Me da una botella de cerveza.** 맥주 한 병 주세요.

• **Me da un cubalibre (ron con cola)** 쿠바리브레(럼과 콜라의 칵테일) 주세요.

• **Me da sangría.** 상그리아(스페인 사람들이 즐기는 포도주와 과일의 칵테일) 주세요.

• **Me da una naranjada/limonada.** 오렌지 쥬스/레몬 쥬스 주세요.

• **Me da el zumo de naranja.** 오렌지 쥬스 한 잔 주세요.

• **Me da whisky/coñac.** 위스키/꼬냑 주세요.

❸ 안주나 간단한 음식을 청할 때 ▰▰▰▰▰▰▰▰▰▰▰▰▰

• **Que nos sirva los sandwiches.** 샌드위치 주세요.

• **Que nos sirva los canapés.** 까나뻬(비스켓에다 치즈나 여러 음식을 올려 만든 것) 주세요.

• **Que nos sirva las tapas/pincho.** 안주를 주세요.

❖ 연습문제 ❖

A. 보기에서 알맞은 어구를 골라 문장을 완성하시오.

보기 : antes de que, aunque, después de que, a menos que, cuando, hasta que

1. _____ seamos viejos, nos acordaremos de nuestra juventud.

2. _____ estés lejos, pensaré en ti.

3. Te amaré _____ la muerte nos separe.

B. 괄호안의 동사를 알맞게 써 넣으시오.

1. Aunque _____, iré. (llover)

2. Aunque _____, voy. (llover)

3. Cuando _____ él a su casa, me llamará. (volver)

4. Cuando _____ él a su casa, me llama. (volver)

C. 스페인어로 옮기시오.

1. 네가 공부를 마친 후에 그가 집에 올 것이다.

2. 그가 가기 전에 그에게 사실을 말하여라.

3. 내가 돈이 많을지라도 나는 행복하지 않을 것이다.

A. 1. Cuando 2. Aunque 3. hasta que

B. 1. llueva 2. llueve 3. vuelva 4. vuelve

C. 1. Después que tú termines el estudio, él vendrá a la casa.

2. Antes de que él vaya, dígale la verdad.

3. Aunque tenga mucho dinero, yo no seré feliz.

▼ 아랑후에스 왕궁

LECCION
— 17 — Dígame qué le duele

Jaime no puede ir a la oficina desde hace dos días. Está
resfriado. Al principio le dolía la cabeza y luego empezó a
tener dolor de estómago. Le subió la fiebre. Tenía anoche
39°C. Su padre le llevó al médico.

Médico : Buenos días. Siéntese aquí y dígame qué le
          duele.

Jaime   : No me encuentro bien. Me duele mucho la
          cabeza. Quizá sea bronquitis.

Médico : Entiendo, vamos a ver. Primero, voy a tomarle
          el pulso. Déme la mano izquierda. ¿Cuándo
          empezó el dolor?

Jaime   : Hace dos días. Doctor, me duele mucho todo el
          cuerpo. Y no tengo apetito.

Médico : Ahora, quítese la camisa y respire profundamen-
          te. No se ponga nervioso.

Jaime   : ¿Me pasa algo malo, doctor? ¿Es muy grave?

Médico : No se preocupe. No es nada grave. En invierno mucha gente está resfriada. Y en tal caso le duele mucho la cabeza y el cuerpo.

Jaime   : ¿Qué debo hacer, doctor?

Médico : Tiene que volver a casa y descansar. Llévese esta receta.

Jaime   : Pero, doctor, tengo que volver al trabajo. No puedo abandonar mis negocios. Tengo muchas cosas que hacer.

Médico : Ud. tiene que guardar cama durante unos días. Nunca salga a la calle. Si no lo hace así, usted estará peor que ahora.

Jaime   : Pero el jefe de la Sección de Personal quiere que yo trabaje hoy.

Médico : Olvídelo todo. Tome esta pastilla y descanse en cama. Nada es más importante que la salud.

제17과 : 어디가 아픈지 말해보세요.

하이메는 이틀 전부터 사무실에 나가지 못한다. 지금 감기에 걸려 있다. 처음에는 머리가 아프더니 다음에는 배가 아프기 시작했다. 열이 나기 시작하면서 어젯밤에는 39도까지 올랐다. 그의 아버지가 그를 의사에게 데리고 갔다.

의 사 : 안녕하세요. 여기 앉아서 어디가 아픈지 말해 보세요.

하이메 : 몸이 좋지가 않아요. 머리도 몹시 아프고요. 아마 기관지염인 것 같아요.

의 사 : 알겠읍니다. 어디 봅시다. 먼저, 맥박을 재야겠군요. 왼손을 내밀어 보세요. 언제 통증이 시작되었죠?

하이메 : 이틀 전부터요. 온 몸이 쑤시고 아프고 식욕도 없어요, 의사 선생님.

의 사 : 셔츠를 벗고 숨을 깊게 내쉬세요. 긴장하지 마세요.

하이메 : 뭐가 문제가 있나요, 의사 선생님? 심각한가요 ?

의 사 : 걱정하지 마세요. 별 거 아니예요. 겨울이 되면 많은 사람들이 감기에 걸리죠. 그럴 경우 머리와 온 몸이 쑤시고 아프죠.

하이메 : 뭘 어떻게 해야 되죠 ?

의 사 : 댁에 돌아가서 휴식을 취하세요. 이 처방을 가져 가세요.

하이메 : 그러나 의사선생님, 전 직장으로 돌아가야 되는데요. 내 업무를 그냥 둘 수가 없어요. 할 일이 너무 많거든요.

의 사 : 한 며칠동안 침대에서 꼼짝해서는 안 돼요. 밖으로 절대 나가지 마세요. 그렇게 안 하면 지금보다 상태가 더 심각해집니다.

하이메 : 그러나 인사 부장은 내가 오늘 출근해서 일하길 바라고 있을텐데요.
의　사 : 모든 걸 잊어버리세요. 이 약 먹고 침대에서 그냥 쉬세요. 건강보다
　　　　중요한 건 없잖아요.

새로운 단어 ●──────────────────────────

oficina ㉔ 사무실

estómago ㉖ 위

pulso ㉖ 맥박

cuerpo ㉖ 육체, 신체

quitarse ㉐㉗ 벗다, 치우다

respirar ㉔ 호흡하다

nervioso(─sa) ㉗ 신경의, 긴장한

descansar ㉔ 휴식을 취하다

trabajo ㉖ 노동, 일

negocio ㉖ 일, 거래, 교섭

peor ㉗ 보다 나쁜

olvidar ㉕ 잊어버리다

salud ㉔ 건강

doler ㉔ 아프다

bronquitis ㉔ 기관지염

izquierdo(─da) ㉗ 왼쪽의

apetito ㉖ 식욕, 욕구

camisa ㉔ 셔츠

profundamente ㉙ 깊이, 심하게

grave ㉗ 심각한, 무거운

receta ㉔ 처방, 전표

abandonar ㉕ 포기하다, 버리다

guardar ㉕ 지키다, 감시하다, 보존
하다

sección ㉔ 과(課), 부(部) 절단,
　　　　단면

pastilla ㉔ 정제약

본문연구 ●───────────────────────────

1. Jaime no puede ir a la oficina desde hace dos días.

-desde hace- '-전부터'

Hace dos días que Jaime no va a la escuela. 로 문장 전환이 가능
하다. 이 때 hace 는 hacer 동사의 3인칭 단수형이고 desde hace 에
서는 전체적인 뜻으로 전치사로 쓰였다고 하겠다.

2. No me encuentro bien.

encontrar 는 타동사로는 '만나다.'의 뜻을 가지며 encontrarse con
의 형태에서는 '-우연히 마주치다.' encontrarse는 '(-의 장소에, -
의 상태에) 있다.'(=estar) 라고 해석된다.

Me encuentro mal de salud. 나는 건강이 나쁘다

3. Vamos a ver.

ir a+inf. 는 미래를 표현하나 때로는 청유의 의미가 되기도 한다. '-
합시다.'라고 해석된다.

Vamos a jugar al fútbol. 축구를 합시다

4. Ahora, quítese la camisa. . . .

'옷을 입다'는 ponerse, '벗다'는 quitarse 가 사용되며, quítese
는 3인칭 단수(Ud.)에 대한 긍정 명령이다.

5. ¿Me pasa algo malo?

pasar 동사는 이 때 3인칭으로만 활용하는 무인칭 동사로 '일이 벌
어지다.' '일이 생기다.'의 뜻으로 ocurrir 동사와 같은 의미를 지
닌다. 그리고 이 문장은 ¿Qué me pasa algo mal? 이라고도 쓸 수
있다.

6. llévese esta receta.

여기서 se는 재귀 대명사로 쓰였다. '자기 자신이 -을 가져 가다.'
라고 할 때는 llevarse, llevar(se) -consigo를 쓴다.
Juan lleva la maleta consigo 후안은 자신이 가방을 가지고 다닌
다.

7. Ud. tiene que guardar cama ...

guardar la cama는 직역을 하면 '침대를 지키다'라는 의미이지만
본래의 뜻은 '자리에 눕다' '병상에 있다'라는 뜻으로 quedar la
cama, estar en cama 와 같은 뜻이다.

8. Nada es más importante que la salud.

Nada más ~ que B, B보다 더욱 더 ~한 것은 없다.

건강보다 더 중요한 것은 아무 것도 없다.

문법해설 ●

1. 명령문

명령법은 상대방에 대한 명령이나 요청을 표현한다. 본래 스페인어의 고유
명령법 형태는 2인칭에만 존재하며, 나머지 인칭에는 접속법 현재의 형태를 사
용한다. 긍정 명령형 2인칭 단수의 경우에는 직설법 현재 3인칭 단수형을 취하
며, 2인칭 복수의 경우에는 원형동사의 어미인 -ar, -er, -ir를 각각 -ad, -ed,
-id의 형태로서 취한다. 그러나 부정 명령인 경우에는 무조건 접속법 형태를 취
한다.

	hablar		sentarse	
	단수	복수	단수	복수
1	—	hablemos	—	sentémonos
2	habla	hablad	siéntate	sentaos
3	hable	hablen	siéntese	siéntese

※ 재귀대명사는 긍정 명령시에 동사 뒤에 붙는다.

2. 3인칭 긍정 명령과 부정 명령

3인칭은 긍정 명령과 부정 명령의 형태가 접속법으로 동일하다.

동사	단수		복수	
	긍정	부정	긍정	부정
hablar	hable	no hable	hablen	no hablen
leer	lea	no lea	lean	no lean
abrir	abra	no abra	abran	no abran

3. 2인칭 부정 명령

1) 규칙

Habla. ⇒ No hables.   Hablad. ⇒ No habléis.

Lee.   ⇒ No leas.   Leed.   ⇒ No leáis.

Abre. ⇒ No abras.   Abrid. ⇒ No abráis.

2) 불규칙

Vete.   ⇒ No te vayas.   Dime. ⇒ No me digas.

Sal.   ⇒ No salgas.   Ponte. ⇒ No te pongas.

Idos.   ⇒ No os vayáis. Decid. ⇒ No digáis.

Poneos. ⇒ No os pongáis. Salid. ⇒ No salgáis.

4. 목적대명사의 위치

목적대명사나 재귀대명사가 함께 쓰이는 경우, 긍정 명령시는 동사의 뒤
에 붙여 쓰나, 부정 명령시는 본래의 어순처럼 동사의 앞에 둔다. 이때 액센
트 부호 첨가 유무에 주의해야 한다.

- Escucha la radio. → Escúchala. → No la escuches.
- Lee el periódico. → Leélo. → No lo leas.
- Abre la ventana. → Abrela. → No la abras.
- Dímelo→ No me lo digas.

5. 's'와 'd'의 탈락 경우

재귀동사는 1인칭 복수 명령의 경우 음의 겹침을 막기 위해 's'가 탈락 된다.

Sentémosnos. ⇒ Sentémonos. (우리 앉읍시다.)

이 경우 음절의 변경으로 액센트 표시를 하는 것에 유의 해야 한다.

재귀동사는 2인칭 복수 명령인 경우에도 'd'의 탈락 현상이 생긴다.

Lavados. ⇒ Lavaos. (너희들 씻어라.)

Sentados. ⇒ Sentaos. (너희들 앉아라.)

6. 부정사의 명령

No fumar. (흡연하지 마라.)
No entrar. (출입하지 마라.)
A dormir. (자라.)
A comer. (먹어라.) 등

문 장 연 습

1. **Adelante, Jaime. Siéntese aquí.** 들어 오세요, 하이메. 여기 앉으세요.

   Dígale que vaya a casa ahora mismo. 지금 당장 집에 가라고 그에게 말하시오.

2. **Levántate. No te levantes.** 일어나라. 일어나지 마라.

   Levántese. No se levante. 일어나세요. 일어나지 마세요.

3. **Lávate. No te laves.** 씻어라. 씻지 마라.

   Lavaos. No os lavéis. 너희들 씻어라. 너희들 씻지마라.

4. **Vete a casa. No te vayas a casa.** 집으로 가라. 집으로 가지 마라.

   Vaya a casa. No se vaya a casa. 집으로 가세요. 집으로 가지 마세요.

5. **Ven aquí. No vengas aquí.** 이리로 와라. 이리로 오지 마라.

Venga aquí. No venga aquí. 이리로 오세요. 이리로 오지 마세요.

6. **Déme un cigarrillo.** 담배 하나 주세요.

   Dame un cigarro. 시가 하나 줘.

❖ 필수회화 ❖

➊ '가능한 한 빨리'의 표현(lo más＋형＋posible) ▬▬▬▬▬

   • **Voy a terminar lo más pronto posible/cuanto antes.** 가능한
   한 빨리 끝내겠다.

   • **Voy a comprar un coche lo más barato posible.** 가능한 한 싸게
   차를 사겠다.

   • **Voy a subir al árbol lo más alto posible.** 가능한 한 높이 나무를
   올라 가겠다.

➋ Ojalá를 써서 기원문을 만드는 법 ▬▬▬▬▬▬▬

   • **¡Ojalá no sea nada grave !** 제발 위중하지 않기를 !

   • **¡Ojalá se cure pronto !** 제발 빨리 완쾌하기를 !

   • **¡Ojalá vuelva pronto !** 빨리 돌아 오기를 !

* ¡Ojalá llueva pronto! 빨리 비가 오기를!

건강 및 운동의 표현

* **No quiero engordar más.** 더 이상 뚱뚱해지고 싶지 않다.

* **Estoy dieta.** 다이어트 중이다.

* **Quiero dejar de fumar cigarrillos.** 담배를 끊고 싶다.

* **Fumo una cajetilla al día.** 하루에 담배 한 갑을 피운다.

* **Tengo que hacer ejercicio todos los días.** 매일 운동을 해야만 한다.

* **Trabajo doce horas al día.** 매일 12시간 씩 일한다.

❖ 연습문제 ❖

A. 괄호 안의 단어를 적절히 명령형으로 바꾸시오.

1. _____Ud. las estrellas. (ver)

2. _____vosotros un vaso de agua. (beber)

3. _____Ud. todo el cuerpo. (lavar)

B. 다음을 3인칭 명령으로 바꾸시오.

1. Mira el mapa.

2. Ven al comedor.

3. Lee los periódicos.

C. 부정 명령형으로 바꾸시오.

1. Diga la causa del accidente.

2. Cosechen el arroz.

3. Tome Ud. una cerveza.

4. Guarda silencio.

5. Mira la luna.

D. 스페인어로 옮기시오.

1. 외투를 입어라.

2. 걱정하지 마세요.

3. 내게 그렇게 말하지 마시오.

해 답

A. 1. Vea 2. bebed 3. Lávese

B. 1. Mire el mapa. 2. Venga al comedor. 3. Lea los periódicos.

C. 1. No la diga. 2. No lo cosechen. 3. No la tome.

   4. No lo guardes. 5. No la mires.

D. 1. Ponte el abrigo. 2. No se preocupe. 3. No me diga así.

Quizás, quizás, quizás.

Siempre que te pregunto que cuándo, cómo y dónde
tú siempre me respondes,
quizás, quizás, quizás
Y así pasan los días y yo desesperando
y tú, tú contestando quizás, quizás, quizás.
Estás perdiendo el tiempo pensando, pensando
por lo que más tú quieras
hasta cuándo hasta cuándo
Y así pasan los días y yo desesperando
y tú, tú contestando quizás, quizás, quizás.

글쎄요, 글쎄요, 글쎄요

항상 그대에게 '언제', '어떻게' 그리고 '어디서'라고 물으면
그대는 늘 '글쎄요', '글쎄요', '글쎄요'라고 대답하지요.
이런 식으로 많은 날들이 지나가고
나는 희망을 잃어가지만
그대는, 그대는 '글쎄요', '글쎄요', '글쎄요'라고
대답만 하지요.
당신은 언제까지나, 언제까지나
누구를 가장 사랑하는지 생각만 하면서 시간을 허비하지요.
이런 식으로 많은 날들이 지나가고
나는 희망을 잃어가지만
그대는, 그대는 '글쎄요' '글쎄요' '글쎄요'라고 대답만 하지요.

Siento mucho que Jaime haya pensado eso

El profesor : ¿Cómo está usted? Hace mucho tiempo que no le veo a Ud.

La madre : Yo estoy bien. Pero vengo hoy para pedirle un consejo para mi hijo Jaime.

El profesor : Bueno, dígame ¿qué quiere usted consultar conmigo?

La madre : No sé cómo empezar. La verdad es que mi esposo y yo estamos muy preocupados por Jaime. Como usted es profesor y trata con muchos chicos, a lo mejor se le ocurre alguna solución.

El profesor : Dígame.

La madre : Resulta que mi hijo no quiere seguir estudiando, y dice que va a dejar el colegio.

El profesor : ¿Sí? ¿Cuántos años tiene Jaime ahora?

하이메가 그렇게 생각했다니 정말 유감스러운 일이군요.

La madre   : Ha cumplido 17 años y ha terminado el
              Bachillerato. El quiere entrar en una
              empresa.

El profesor : Siento mucho que Jaime haya pensado eso. Si
              termina el curso universitario, tendrá más
              posibilidades de trabajar en una compañía
              grande.

La madre   : Ya le dije que entrara en la universidad,
              pero él tenía miedo del examen de selecti-
              vidad.

El profesor : Si estudiara más, aprobaría el examen.
              ¿Quiere usted que yo le diga algo?

La madre   : Sí, cuando usted le vea, dígale, por favor,
              que cambie su decisión.

El profesor : Conozco a Jaime desde hace mucho tiempo.
              Estoy seguro de que él sabe lo que hace.

제 18과 하이메가 그렇게 생각했다니 정말 유감스러운 일이군요.

교 수 : 안녕하십니까? 오랫만에 뵙게 되는군요. 어떻게 지내십니까 ?

어머니 : 잘 지내고 있어요. 그런데 오늘, 우리 아들 하이메 때문에 조언을 구하러 왔습니다.

교 수 : 그러죠. 무엇을 상의하고 싶으신지 말씀해 보시죠.

어머니 : 어떻게 말씀을 드려야 좋을지 모르겠군요. 사실은 제 남편과 제가 하이메 때문에 굉장히 걱정을 하고 있습니다. 교수님이고 하시니까 여러 학생들도 많이 다루어 보셨을테니 혹시나 어떤 해결책이라도 생각해 내실까 해서.

교 수 : 말씀해 보시지요.

어머니 : 사실은 하이메가 더 이상 공부하기 싫답니다. 그리고 대학 가는 것도 그만 두겠답니다.

교 수 : 그래요? 지금 하이메가 몇 살이죠?

어머니 : 그애가 이제 17살이 되었네요. 고등학교는 이미 마쳤고요. 취직을 하고 싶대요.

교 수 : 하이메가 그렇게 생각한다면 정말 안타까운 일이군요. 만약 대학 교육을 마친다면 대기업 같은 데서 일할 수 있는 기회가 더 많을 것인데.

어머니 : 대학에 들어가라고 이미 이야기도 해보았지만, 그 애가 선별 시험에 두려움이 있는가 봐요.

교 수 : 조금만 더 공부를 열심히 하면 시험에 붙을 수도 있을텐데. 제가 그 애

에게 이야기를 해 볼까요?

어머니 : 예, 그 애를 보게 되시면 제발 생각을 바꿔 보라고 교수님께서 말씀 좀
　　　　해 주세요.

교　수 : 하이메는 오래 전부터 제가 알고 있습니다. 제가 생각하기로는 하이메
　　　　는 자신이 무엇을 해야 할지 알고 있을 거라고 믿습니다.

새로운 단어 ●

consejo ㉯ 충고, 조언

preocuparse ㉤ 염려하다.

bachillerato ㉯ 고등학교 과정

empresa ㉐ 기업, 사업

posibilidad ㉐ 가능성

selectividad ㉐ 선별, 선택

aprobar ㉣ 합격하다, 승인하다.
　　　~el examen 시험에 합격하
　　　다.

consultar ㉧ 상의 하다.

solución ㉐ 해결, 방안

compañía ㉐ 회사, 동반, 극단

universitario(-ia) ㉫ 대학의

miedo ㉯ 두려움

decisión ㉐ 결정

1. **Hace mucho tiempo que no le veo. (=No le veo desde hace mucho tiempo)** 만난 지가 오래 되었군요.

   hace＋시간＋que＋현재 시제

   hacer 동사의 특수 용법 중의 하나로서 쓰인다.

2. **No sé cómo empezar.** 어떻게 (이야기를) 시작해야 할지 모르겠습니다.

   흔히 '무슨 말부터 시작해야 할지 모르겠습니다.' 라고 이야기를 시작할때 사용하는 표현.

   No sé cómo agradecer. 어떻게 감사를 드려야 할지 모르겠습니다.

3. **Estamos muy preocupados por(=preocuparse por)** ～를 매우 걱정하다.

4. **a lo mejor,** 혹시라도

5. seguir estudiando, 계속 공부하다.

seguir 동사 다음에는 항상 현재분사가 온다.

6. Siento mucho que Jaime haya pensado eso. 하이메가 그렇게 생각했다니 유감입니다.

sentir que+접속법이 온다. '~를 유감으로 생각하다.'

7. tenía miedo de, ~에 두려움을 가졌었다. (=temer)

8. aprobar el examen, 시험에 합격하다. 다른 표현으로 salir bien en el examen을 쓸 수 있다.

9. desde hace mucho tiempo, 아주 오래전 부터.

10. estar seguro de que~, ~를 확신하다. (직설법을 쓴다.)

문법해설 ●————————————————————

1. 접속법 과거

접속법 과거형의 동사 변화는 복잡해 보이지만 따로 외울 필요가 없다. 왜냐하면 직설법 단순과거 3인칭 복수형 어미의 마지막 음절 대신에 -ra 혹은 se를 붙여 주면 된다. 즉 접속법 과거는 '-ra'형과 '-se'형 두 가지가 있는데 임의적으로 어느 것을 써도 좋다.

〈규칙 동사 hablar, comer, vivir의 접속법 과거형〉

수 인칭	단　수	복　수
1	hablara (hablase) comiera (comiese) viviera (viviese)	habláramos (hablásemos) comiéramos (comiésemos) viviéramos (viviésemos)
2	hablaras (hablases) comieras (comieses) vivieras (vivieses)	hablarais (hablaseis) comierais (comieseis) vivierais (vivieseis)
3	hablara (hablase) comiera (comiese) viviera (viviese)	hablaran (hablasen) comieran (comiesen) vivieran (viviesen)

※ 기타 주요 불규칙 동사의 접속법 과거형 변화

tener : tuviera, tuvieras, tuviera, tuviéramos, tuvierais, tuvieran

hacer : hiciera, hicieras, hiciera, hiciéramos, hicierais, hicieran

haber : hubiera, hubieras, hubiera, hubiéramos, hubierais, hubieran

poder : pudiera, pudieras, pudiera, pudiéramos, pudierais, pudieran

ir   : fuera, fueras, fuera, fuéramos, fuerais, fueran

ser   : fuera, fueras, fuera, fuéramos, fuerais, fueran

decir : dijera, dijeras, dijera, dijéramos, dijerais, dijeran

saber : supiera, supieras, supiera, supiéramos, supierais, supieran

querer : quisiera, quisieras, quisiera, quisiéramos, quisierais,

              quisieran

sentir : sintiera, sintieras, sintiera, sintiéramos, sintierais, sintieran

dormir : durmiera, durmieras, durmiera, durmiéramos, durmierais,

              durmieran

※ 편의상 "-ra"형으로 변화시켰다.

2. 접속법 과거의 용법

접속법을 사용해야 하는 문장에서 주동사가 과거 시제이면 접속법 현재이던
종속절의 동사는 시제일치에 따라 과거형을 써야 한다.

Yo no creo que Jaime venga.

나는 하이메가 오리라 믿지 않는다.

Yo no creía que Jaime viniera(viniese).

나는 하이메가 오리라 믿지 않았었다.

$\begin{bmatrix}$ Yo buscaré un piso que sea barato.

나는 값싼 아파트를 찾을 것이다.

Yo buscaba un piso que fuera barato. $\end{bmatrix}$

나는 값싼 아파트를 찾고 있다.

$\begin{bmatrix}$ Ellos saldrán antes de que sus padres vuelvan.

그들은 부모님이 돌아오시기전에 나갈 것이다.

Ellos salieron antes de que sus padres volvieran. $\end{bmatrix}$

그들은 부모님이 돌아오시기전에 나갔다.

3. 접속법 완료 시제

1) 접속법 현재 완료와 과거 완료

실질적으로 사용되는 접속법의 시제는 4가지가 있다고 앞서 언급하였다. 현재, 과거, 현재완료, 과거완료 이 4가지가 직설법의 9가지 시제와 비교해 볼 때 어떻게 쓰이는지 알아보자.

직 설 법	접 속 법
① Creo que Jaime viene. Creo que Jaime vendrá.	No creo que Jaime venga. 나는 하이메가 오리라 믿지 않는다.
② Creo que Jaime ha venido. Creo que Jaime habrá venido.	No creo que Jaime haya venido. 나는 하이메가 왔다고 믿지 않는다.
③ Creía que Jaime vino. Creía que Jaime venía. Creía que Jaime vendría.	No creía que Jaime viniera(viniese). 나는 하이메가 오리라 믿지 않았었다.
④ Creía que Jaime había venido. Creía que Jaime habría venido.	No creía que Jaime hubiera(=hubiese) venido. 나는 하이메가 왔다고 믿지 않았었다.

2) 접속법 현재 완료형

접속법 현재 완료형은 haber의 접속법 현재형＋과거분사의 형태로 만든다.

haya	hayamos
hayáis	hayais
haya	hayan

＋ hablado, comido, vivido...

- Me alegro de que su hijo haya aprobado el examen. 당신의 아들이 시험에 합격하였다니 나는 기쁩니다.
- Siento que su hijo no haya aprobado el examen. 당신의 아들이 불합격하였다니 나는 유감입니다.

3) 접속법 과거 완료형

접속법 과거 완료형은 haber의 접속법 불완료 과거형＋과거분사로 만든다.

hubiera	hubiéramos
hubieras	hubierais
hubiera	hubieran

＋ hablado, comido, vivido...

- Yo no creía que Jaime hubiera llegado. 나는 하이메가 도착했었다는 것을 믿지 않았다. '

일반문 외에 가정문에서도 많이 사용된다. 즉, 과거 사실에 반대되는 가정문을 만들 때 쓰인다.

- Si yo hubiera tenido mucho dinero, habría viajado por

España. 내가 돈이 많았더라면 스페인으로 여행했었을텐데.

3. 가정문

1) 현재 사실에 반대되는 가정문

Si+접속법 불완료과거 (조건문), 가능법 불완료형, 혹은 접속법 불완료과
거 (주절)

- Si yo tuviera(=tuviese) mucho dinero, compraría (=
  comprara) un coche. 만일 내가 돈이 많다면, 차를 한 대
  살텐데.
  ※ 조건문에서는 -ra형이나 se형을 쓸 수 있으나 귀결문에서는 가능법이
  나 접속법은 -ra 형만 쓸 수 있다.
- Si yo fuera millonario, viajaría por el mundo. 만일 내가
  백만 장자라면 세계를 여행할텐데.

2) 과거 사실에 반대되는 가정문

Si+접속법 과거완료(조건문), 가능법 완료형(귀결문).

- Si yo hubiera tenido mucho dinero, habría comprado un
  edificio.
  ※ 이 경우 귀결문에서 접속법 과거완료형을 쓸 수 있으나 역시 -ra형만 가
  능하다.

1. **Hace una semana que Jaime está enfermo.**

   Jaime está enfermo desde hace una semana. 하이메는 일주일 전
   부터 아파 누워 있다.

2. **Hace una semana que Jaime estuvo enfermo.**

   Jaime estuvo enfermo hace una semana. 하이메는 일주일 전에
   아팠다.

3. **Yo le dije a Jaime que fuera a España.** 나는 하이메에게 스페인
   에 가라고 말했다.

   El me dijo que viniera a su casa a las 6. 그는 나에게 6시에 그의
   집에 오라고 말했다.

4. **Siento mucho que Jaime no haya venido hoy.** 하이메가 오늘 오
   지 않은 것에 대해 나는 유감이다.

   Me alegro mucho de que Ud. haya vuelto con seguridad. 당신
   이 무사히 돌아오심에 나는 매우 기쁩니다.

5. **Si Ud. estudiara mucho, entraría en la universidad.** 만일 당
   신이 열심히 공부한다면, 대학에 들어갈텐데.

   Si yo tuviera mucho dinero, iría a España. 만일 내가 돈이 많다
   면 스페인에 갈텐데.

❖ 필수회화 ❖

❶ 스페인어 사용 국가와 지역 소개를 할 때

- **El español es el idioma de España y de los países latinoamericanos.** 스페인어는 스페인과 라틴 아메리카 제국들의 언어입니다.
- **El español es el idioma de casi 400 millones de personas.** 스페인어는 거의 4억의 인구가 사용하는 언어입니다.
- **Además de España se habla español en la América Latina.** 스페인어는 스페인외에 중남미에서도 사용됩니다.
- **También en varias zonas de los Estados Unidos como California, Arizona, Nuevo México, Texas y Florida se habla español.** 또한 미국의 캘리포니아나 아리조나, 뉴 멕시코, 텍사스와 플로리다 같은 지방에서도 스페인어는 사용됩니다.

❷ 스페인어의 중요성을 말할 때

- **Actualmente el español es un idioma muy útil, porque es la**

lengua oficial de unas **20** naciones. Las relaciones entre
Corea y esos países de habla española son importantísimas.
오늘날 스페인어는 매우 유용한 언어입니다. 왜냐하면 스페인어는 20
여개국의 공식어이기 때문입니다. 한국과 이들 스페인어 사용 국가들
사이의 관계는 매우 중요합니다.

외국어의 중요성을 말할 때 ████████████████████

• En el futuro el idioma será el medio más importante para el
co mercio exterior y para el estudio de las culturas
mundiales. 장차 앞으로 언어는 해외 무역이나 전 세계의 문화 연구
에 있어 가장 중요한 수단이 될 것입니다.

❖ 연습문제 ❖

A. 직설법 혹은 접속법 현재의 알맞은 형태를 적어 넣으시오.

1. Cuando _____ suficiente entonces podrás fumar.(crecer)

2. Si tú _____ hambre, cómelo.(tener)

3. Aunque ellos _____ diferentes caracteres, se aman
   mucho.(tener)

4. Es importante que tú _____ una lengua extranjera.(hablar)

B. 스페인어로 옮기시오.

1. 나는 당신 아들이 시험에 합격하였다니 기쁩니다.

2. 만일 내가 돈이 많다면 세계 일주를 할텐데.

3. 그녀는 일주일 전부터 아프다.

4. 나는 그녀가 약속을 지키지 않은 것에 유감이다.

C. 다음 글을 읽고 물음에 답하시오.

María : Alfonso busca un puesto en la América Latina. Puede
　　　recomendar a Alfonso.

Juan : El gerente desea que el nuevo empleado (A) a trabajar
　　　mañana por la mañana.

María : Dudo que Alfonso (B) irse tan pronto. ¿Quiere Ud.
　　　que yo le llame por teléfono para saber si puede venir a
　　　su oficina mañana?

Juan : (C) en seguida, por favor. Valdrá más que (D) a
　　　verme esta tarde si es posible.

María : Voy a telefonear a Alfonso ahora y espero que (E) el
　　　puesto.

1. (A)에 들어갈 가장 적당한 것은 ?

① empieza ② empeze ③ empieze ④ empiece

2. (B)에 들어갈 에 들어갈 가장 적당한 것은 ?

① pueda ② puede ③ pudo ④ pude

3. (C)에 들어갈 가장 적당한 것은 ?

① Llámele ② Llame le ③ Le llama

4. (D)에 들어갈 가징 적당한 것은 ?

① vino ② venga ③ vine ④ vengo

5. (E)에 들어갈 가장 적당한 것은 ?

① obtenga ② obtienes ③ obtuve ④ obtenga

해 답

A. 1. crezca 2. tienes 3. tienen 4. hables

B. 1. Me alegro de que su hijo haya aprobado el examen.

2. Si yo tuviera mucho dinero, yo viajaría por el mundo.

3. Ella está enferma desde hace una semana.

4. Siento mucho que ella no haya cumplido su palabra.

C. 1. ④ 2. ① 3. ② 4. ② 5. ④

LECCION

— 19 — Bienvenido al Hotel Los Condes

Turista　 : ¡Oiga, señor !

Ciudadano : ¿Qué desea usted ?

Turista　 : Yo soy turista. ¿Sabe usted dónde está el Hotel Los Condes ?

Ciudadano : El Hotel Los Condes está un poco lejos de aquí.

Turista　 : Por favor, ¿podría indicarme cómo se va a ese hotel ?

Ciudadano : Mire, siga usted todo recto este camino hasta la segunda esquina. Luego gire a la derecha y encontrará el hotel.

Turista　 : Me es difícil encontrar el hotel.

Ciudadano : ¿Quiere usted que yo le acompañe hasta el hotel ?

Turista　 : En tal caso, será usted muy amable.

(El turista llega al Hotel Los Condes.)

Gerente	: Buenas tardes. Bienvenido al Hotel Los Condes. ¿En qué puedo servirle?
Turista	: Necesito una habitación.
Gerente	: ¿Ya tiene la reservación?
Turista	: Sí, ¡cómo no! La hice a través de una agencia de viaje en Seúl.
Gerente	: Bueno, señor, ¿cómo se llama usted?
Turista	: Mi nombre es Gui-Do, y mi apellido es Kim.
Gerente	: Un momento, señor. Voy a confirmar su nombre en la lista de reservación. Y ¿cuánto tiempo estará en nuestro hotel?
Turista	: Dos noches.
Gerente	: Tenemos una habitación libre. Por favor, escriba en esta tarjeta sus datos. Y aquí tiene usted la llave de su habitación.
Turista	: ¿En qué piso?
Gerente	: En el quinto piso, señor. Tiene buena vista hacia el mar.

Turista   : Muchas gracias. Es muy amable.

Gerente   : ¡Que descanse bien !

본문번역 ●───────────────────────────

제19과 「로스 꼰데스」 호텔에 오신 것을 환영합니다.

관광객 : 여보세요, 선생님.

시 민 : 무엇을 원하십니까?

관광객 : 저는 관광객인데요. 「로스 꼰데스」 호텔이 어디 있는지 아시나요?

시 민 : 「로스 꼰데스」 호텔은 여기서 조금 멀리 있는데.

관광객 : 실례지만, 그 호텔로 가는 길 좀 가르쳐 주시겠습니까?

시 민 : 보세요, 이 길을 따라서 두 번째 모퉁이까지 곧장 걸어 가세요. 다음
　　　　 에 오른쪽으로 돌면 그 호텔을 찾게 될 겁니다.

관광객 : 호텔 찾기가 어려울 것 같은데요.

시 민 : 제가 호텔까지 안내를 해 주기를 원하십니까?

관광객 : 그렇게 해 주신다면 정말 친절한 분이시군요.

(그 관광객은 「로스 꼰데스」 호텔에 도착한다.)

지배인 : 안녕하세요? 「로스 꼰데스」 호텔에 오신 것을 환영합니다.

관광객 : 방이 하나 필요한데요.

지배인 : 예약은 하셨습니까?

관광객 : 물론이지요. 서울에 있는 여행사를 통해 예약했습니다.

지배인 : 좋습니다. 성함이 어떻게 되시지요?

관광객 : 이름은 기도이고 성이 김 입니다.

지배인 : 잠시만 기다려 주세요. 예약자 명단에서 확인해 보겠습니다. 그런데,

얼마동안 저희 호텔에 머무실 건가요?

관광객 : 이틀 밤이요.

지배인 : 빈 방이 하나 있군요. 이 카드를 적어 주시지요. 그리고 여기 방 열쇠
가 있습니다.

관광객 : 몇 층이지요?

지배인 : 5층입니다. 바다쪽으로 전망이 좋은 방이지요.

관광객 : 대단히 감사합니다. 정말 친절하시군요.

지배인 : 편안히 지내시길 바랍니다.

새로운 단어 ●─────────────────────────

turista (남,여) 관광객

esquina (여) 모퉁이

reservación (여) 예약

apellido (남) 성, 가명(家名)

confirmar (타) 확인하다.

llave (여) 열쇠

recto(─ta) (형) 곧은, 똑바른

derecha (여) 오른쪽, a la- 오른쪽으로

agencia (여) 대리점, 지점, -de viaje
여행사 대리점

nombre (남) 이름, -de pila 세례명

dato (남) 자료

piso (남) 층, 계단, 아파트

본문연구 ●───────────────────

1. Bienvenido al Hotel Los Condes. 「로스 꼰데스」호텔에 오신 것을 환영합니다.

Los Condes는 '백작 부처'라는 뜻이다.

2. Oiga, 여보세요. (3인칭 표현) **Oye** 이봐 (친근한 사이)

사람을 부를 때 가장 많이 사용하는 표현이다.

3. ¿Podría indicarme cómo se va a ese hotel? 그 호텔을 어떻게 가는지 나에게 가르쳐 주시겠습니까?

Podría+원형은 상대방에게 정중하게 청하는 표현이다.

4. Mire, 보세요, (내 말 좀 들어 보세요.)

친근한 사이일 때는 'Mira.'를 쓴다.

5. Siga usted todo recto. 길을 똑바로 가세요.

6. Gire a la derecha. 오른쪽으로 돌아 가세요.

7. Me es difícil encontrar el hotel. (=**Es difícil que yo encuentre el hotel.**) 제가 그 호텔을 찾기는 어렵습니다.

'Me'는 간접 목적 대명사이다. (=A mí me es difícil....)

8. En tal caso, 그럴 경우에는(긍정적으로)

9. ¿En qué puedo servirle? 무엇을 도와 드릴까요?

10. Aquí tiene usted la llave de su habitación. 여기 방 열쇠가 있습니다.

문법해설 ●─────────────────────

1. 가능법의 특수 용법

가능법은 정중한 표현으로 사용되며 직설법 현재로 쓸 때보다 더 공손한 표현이다.

¿Puedes	decirme	dónde está el metro?	Sí, con mucho gusto.
¿Podría	indicarme	cómo se va al centro?	Sí, por supuesto.
¿Podría	decirme	dónde hay metro?	Lo siento, no puedo.

• **¿Puede darme un cigarrillo ?** 담배 한 대 줄래요 ? (친근한
사이)

• **¿Podría darme un cigarrillo ?** 담배 한 대 주시겠읍니까 ?
(윗사람에게)

• **¿Le importaría darme fuego ?** 불 좀 빌려 주시겠습니까 ?
(윗사람에게)

정중한 표현	¿Podría ¿Le importaría ¿Me hace el favor de	darme fuego?	Sí, claro.
친근한 표현	¿Puedes darme ¿Me das	fuego?	Lo siento, no tengo.

2. Ojalá(que)＋접속사

희망의 감탄사 ojalá와 함께 항상 접속법을 사용한다.

• **¡Ojalá él venga mañana !** 내일 제발 그가 왔으면 !

* ¡Ojalá que Ud. descanse bien ! 당신이 편히 쉬게 되기를 !

* ¡Ojalá me toque la lotería ! 내가 복권에 당첨되었으면 !

* ¡Ojalá hayan llegado a tiempo ! 그들이 제 시간에 도착했었 기를 !

¡Ojalá	sea cierto! llegues el primero! vuelva pronto!	¡Quizá ¡Quizás	tengas...! tenga un feliz viaje! tengáis…!

3. quizá(s), tal vez, acaso+접속사

quizá(s)나 tal vez 그리고 acaso는 불확실성을 표현하는 부사들로써 보통 접속법을 쓴다.

그러나 화자의 주관에 따라서는 직설법도 쓸 수 있다.

* Quizás venga él. 아마 그는 올 거야. (객관)

* Quizás viene él. 그는 아마 올 거야. (주관)

* Quizás hayan salido antes de llegar nosotros. 아마 우리 가 도착하기 전에 그들은 떠났을 거야.

* Tal vez sea Jaime. 아마 하이메 일거야.

* Tal vez es Jaime. 아마 하이메 이겠지.

※ Será quizá Jaime. Será tal vez Jaime.

(부사가 문장 중간이나 뒤에 오면 직설법을 쓴다.)

4. Como si+접속법(마치 ~인 것처럼)

이 구문은 반드시 접속법을 쓴다.

- El habla como si fuera presidente. 그는 마치 대통령인 것
처럼 말한다.

- Bésame mucho como si fuera esta noche la última vez.
마치 오늘 밤이 마지막인 것처럼 나에게 키스해 주세요.

문 장 연 습

1. ¡Oiga, señorita! ¿Sabe usted dónde está la comisaría? 여보세
요, 아가씨. 경찰서가 어디에 있는지 아십니까?

   Sí, cómo no. Gire a la izquierda en la primera esquina.
   Luego siga todo recto. 네, 물론이지요. 첫번째 모퉁이에서 왼쪽으
   로 돌아 가세요. 그리고 곧장 가세요.

2. Bienvenido a Corea. 한국에 오신 것을 환영합니다.

   ¿Qué impresión le ha quedado de Seúl? 서울의 인상이 어떠했습

니까?

Seúl es una ciudad grande y moderna. 서울은 크고 현대적인 도
시입니다.

La gente es muy amable. Me gusta mucho Seúl. 사람들은 매
우 다정하고 저는 서울이 아주 좋습니다.

3. **Quiero reservar una habitación de matrimonio. Quiero estar
dos noches.** 부부를 위한 방 하나를 예약하고 싶습니다. 이틀 밤을 묵
고 싶습니다.

**Lo siento mucho, señor. No tenemos habitaciones.   Todas
están reservadas.** 정말 죄송합니다, 선생님. 방이 없군요. 모두
예약이 된 상태입니다.

4. **¿Podría darme fuego?** 불 좀 주시겠습니까?

Sí, aquí tiene. 네, 여기 있습니다.

❖ 필수회화 ❖

❶ 마드리드에 얼마나 있었습니까? ▮▮▮▮▮▮▮▮▮▮▮

• **¿Cuánto tiempo lleva usted aquí?** 여기서 얼마나 사셨습니까?

• **Llevo un año aquí en Madrid.** 여기 마드리드에서 1년 살았습니

다.

- ¿Es la primera vez que viene ? 초행 길이십니까?

- No, vine aquí en el año 1992. 아니오, 1992년에 여기 왔었습니다.

- ¿Ha venido usted solo ? 혼자 오셨습니까?

- No, estoy con mi familia. 아니오, 제 가족과 함께 있습니다.

❷ 놀라움을 표현 ▐▐▐▐▐▐▐▐▐▐▐▐▐▐▐▐

- ¡Hombre ! 어머나 ! (놀라움)

- ¡No me digas ! 안돼 !

- ¡Vaya ! 집어 치워라 !

❸ 어떤 사실을 물을 때. (-인지 아닌지) ▐▐▐▐▐▐▐▐▐▐▐

- ¿Sabe usted si Jaime está enfermo ? 하이메가 아픈지 아닌지 아세요?

- ¿Sabes si Jaime se ha casado con Marta ? 하이메가 마르따와 결혼했는지 아닌지 알고 있니 ?

4. 환영합니다.

- Bienvenidos a Corea. (여러 사람을 맞이할 때)

- **Bienvenido a Corea.** (한 사람 만을 맞이할 때)

- ¡**Bienvenida** ! (환영 !)

※ bienvenida 는 여성 명사이지만 bienvenido 는 형용사로 성-수 변화
를 한다.

❖ 연습문제 ❖

A. 가능법의 시제로 바꾸시오.

보기 : ¿**Te importaría darme cigarrillos ?** (importar)

1. ¿_____ **darme un cuchillo ?** (poder)

2. ¿**Le** _____ **traer la cuchara ?** (importar)

3. ¿_____ **Ud. pasarme la sal ?** (querer)

B. 스페인어로 옮기시오.

1. 그녀가 나를 사랑하기를 !

2. 네가 많은 친구를 가지기를 !

3. 내일 날씨가 좋기를 !

4. 왼쪽으로 가십시오.

5. 우리 호텔을 다시 방문해 주십시오.

6. 그곳에서 길을 건너지 마십시오.

A. 1. Podría 2. importaría 3. querría

B. 1. ¡Ojalá (que) me ame ella !

  2. ¡Ojalá (que) tengas muchos amigos !

  3. ¡Ojalá (que) haga buen tiempo mañana !

  4. Vaya a la izquierda.

  5. Visite nuestro hotel otra vez.

  6. No cruce el camino allí.

▼마드리드 시내의 알깔라 문

LECCION
— *20* — *Cuentos alegres*

Eran las seis de la tarde. A esta hora la gente sale de las oficinas y de las fábricas, coge su coche y si no, los autobuses públicos para volver a sus casas. En un autobús lleno de gente todos los asientos estaban ocupados y un soldado iba sentado en las rodillas de su compañero.

En una de las paradas subió al autobús una jovencita muy guapa que pagó el billete y miró a todas partes buscando un asiento vacío.

El soldado que llevaba a su compañero sentado encima le dio unos golpes en la espalda para llamarle la atención y le dijo en voz alta para que todo el mundo pudiera oírlo.

¡No seas mal educado, muchacho ! Levántate y deja tu asiento a esa señorita.

El señor Ruiz era un profesor de literatura muy famoso.

Un día otro profesor de la Universidad, amigo suyo, le invitó a cenar a su casa. El señor Ruiz no sabía dónde vivía su amigo y éste le escribió la dirección en un papel diciéndole en qué parte de la ciudad estaba su casa. Aquella noche el señor Ruiz se dirigió a casa de su amigo, pero era bastante difícil encontrarla. Al llegar a una calle vio que el nombre de ésta estaba muy alto y escrito en letra pequeña, y como era un poco corto de vista no podía leerlo.

Por eso se dirigió a un hombre que por allí pasaba y le pidió que tuviera la amabilidad de leerle el nombre de la calle.

El hombre se acercó, miró con atención, dio varias vueltas y finalmente le dijo al profesor Ruiz con toda sinceridad:

—La verdad es que a mí me pasa lo mismo que a usted; tampoco sé leer.

제20과 재미있는 이야기들

저녁 여섯 시였다. 이 시간이 되면 사람들은 사무실이나 공장에서 나와 자기 차를 타거나, 자기 차가 없으면 대중 교통 버스를 타고 집으로 돌아간다. 사람들로 가득 찬 버스에는 모든 좌석들이 다 찼는데 그 중 어느 군인 아저씨가 친구의 무릎 위에 앉아 있었다.

어느 정거장에서 매우 예쁜 아가씨가 버스에 올라 타더니 버스표를 내고 나서는 빈 자리가 있나 하고 사방을 둘러 보았다.

무릎 위에 친구를 앉히고 가던 군인아저씨는 관심을 불러 일으키려고 친구의 등을 주먹으로 쥐어 박더니 모든 사람들이 들어 보라는 양 큰 소리로 말하기를 "야, 교양없이 굴지 말고 빨리 일어나, 저 아가씨에게 네 자리를 양보해드려."

━━━━━━━━━━━━━━━━━━━━━━━━

루이스 씨는 매우 유명한 문학 교수였다. 어느 날 하루는 친구인 대학의 동료 교수가 자신의 집에 저녁 초대를 하였다. 루이스 씨는 그 친구가 어디에 사는지 몰랐기에 이 친구는 종이에다 자신의 집이 도시의 어느 쪽에 있는지 적어 주었다. 그날 저녁 루이스 씨는 그 친구의 집으로 향하였으나 집을 찾기에는 역부족이었다. 어느 거리에 도착한 그는 작은 글씨로 적힌 거리 표지판이 너무 높이 달려 있고 더우기 자신의 시력 또한 좋지 않았기에 그것을 읽을 수가 없었다.

그래서 이쪽으로 지나가던 어느 행인에게 다가가 그 거리 이름을 읽어 달라고 부탁을 하였다. 그 사람은 다가와서 뚫어지게 쳐다보더니 그의 주위를 몇 번

이고 돌고 나서 마침내 루이스 교수에게 진지하게 말하였다. "사실은 나 역시 당신하고 똑같은 처지입니다. 저도 그 글자를 읽을 줄 모르거든요."

새로운 단어 ●━━━━━━━━━━━━━━━━━

fábrica ㉚ 공장

público(-ca) ㉠ 공공의, 대중의

rodilla ㉚ 무릎

vacío(-ía) ㉠ 빈, 공간의

encima ㉤ 위에

espalda ㉚ 등

dirección ㉚ 주소, 방향

vista ㉚ 시력, 시각

vuelta ㉚ 회전, 선회

tampoco ㉤ (-도)또한 .. 아니다

dirigir ㉣ 인도하다, 이끌다, 지휘
하다, -se(재귀) 향하다,
(-에게)편지를 쓰다

coger ㉣ 잡다, 쥡다, 포착하다

asiento ㉥ 좌석, 자리

parada ㉚ 정류장, 정거장

jovencito(-ta) ㉥ 젊은이(축소형)

golpe ㉥ 일격, 때림

educado(-da) ㉠ 교육받은,
유식한

sinceridad ㉚ 진실, 진심

acercarse ㉐ 다가가다, 접근하
다

finalmente ㉤ 마침내, 결국

본문연구 ●───────────────────────────

1. **a esta hora,** 이 시간에

   a esa hora, 그 시간에(과거)

2. **coger su coche y si no. . . ,**

   '자신의 차를 타던가 또한 자기 차가 없으면...'(coge su coche)가
   생략되어 있다.

3. **iba sentado,**

   '앉아 있었다.'라는 뜻으로 ir+과거분사의 형태는 계속적인 의미
   를 가지면서 상태를 나타내는 구문이다.

4. **El soldado que llevaba a su compañero sentado encima . . .**

   그의 동료를 위에 앉혀 놓고 있던 군인은...

5. **en voz alta,** 큰 소리로

   en voz baja, 작은 목소리로

6. **para que todo el mundo pudiera oírlo,**

   '모든 사람이 그것을 들을 수 있도록' para que+접속법이 항상 온
   다.

7. Al llegar a una calle, 어느 거리에 도착했을 때

(=cuando llegó a una calle) 로 바꾸어 쓸 수 있다.

8. como era un poco corto de vista 그는 시력이 약간 나쁘기 때문에

9. le pidió que tuviera la amabilidad

pedir 동사가 명령 혹은 부탁을 의미하는 바 명사절의 동사 tener는
접속법을 써야 하며 시제의 일치에 따라 과거 시제를 쓴다.

10. con toda sinceridad, 관용구로서 '진심으로'라는 의미.

11. La verdad es que-, '-가 사실입니다' 혹은 '사실은, -'

12. A mí me pasa lo mismo que a usted. 나도 당신과 같은 처지
입니다.

동등 비교로 'mismo que'가 쓰인다.

문법해설 ●─────────────────────────

1. 부정 명령문(2인칭)

Dímelo → No me lo digas. 나에게 그것을 말하지 마라.

Levántate → No te levantes. 일어나지 마라.

Póntelo → No te lo pongas. 그것을 입지 마라.

Venid pronto. → No vengáis pronto. 너희들은 빨리 오지마라.

2. 스페인 사람의 이름과 애칭

Carlos → Carlitos	Francisco → Paco
José → Pepe	Manuel → Manolo
Concepción → Concha	José María → Chema
Rosario → Charito	Juana → Juanita
Juan → Juanito	Mercedes → Merche
Francisca → Paca	Ana → Anita

3. 목적절에서의 접속법 사용

(para que-, a fin de que-, a que-)

- Le anima **a que** se vaya. 그가 가도록 격려한다.

- Le anima **para que** se cambie de piso. 아파트를 바꾸도록
  권한다.

- Le anima **a fin de que** empiece su estudio. 그가 학업을
  새로 시작하도록 격려한다.

4. 관용적인 표현

① a+la+형용사(여성 단수형)
- Se despidió a la francesa. 그는 말없이 가버렸다.
- Habla a la madrileña. 그는 마드리드 식으로 말한다.

② a+lo+형용사(남성 단수형)
- Vive a lo loco. 그는 깊이 생각치 않고 산다.

③ a+형용사(여성 복수형)
- Actúan a ciegas. 그들은 맹목적으로 행동한다.
- Toman decisiones a tontas y a locas. 그들은 순서도 합의도
  없이 결정한다.

④ 기타 구문
- de otra manera, de ningún modo, de tal manera..

5. 접속사의 유용한 용법

1) y, o

Mi padre y yo cantamos. 아버지와 나는 함께 노래한다.

El padre e hijo bailan. 아버지와 아들은 춤을 춘다.

La flor y hierba. 꽃과 풀

El padre o la madre 아버지 혹은 어머니

2) ni... ni 'ㅡ도 …도 아니다.'

Ni Juan ni Pedro vienen. 후안도 베드로도 오지 않는다.

No me gusta ni el café ni el té. 나는 커피도 차도 좋아하지 않는다.

3) mas(=pero, '그러나')

No lo encontré, mas le dejé una carta. 나는 그를 만나지 않았다. 그러나 그에게 편지를 남겼다.

4) aunque(ㅡ일지라도)

Aunque es español, no habla bien. 그는 비록 스페인 사람이지만 스페인어를 잘하지 못한다.

5) no... A sino...B(A가 아니라 B이다.)

No quiero a María, sino a Carmen. 나는 마리아가 아니라 까르멘을 사랑한다.

6) puesto que, ya que(ㅡ이기 때문에)

Te confío, puesto que eres mi hijo. 네가 나의 아들이기 때문에 나는 너를 신임한다

7) pues(왜냐하면)

Te invito a casa, pues hoy es mi cumpleaños.
너를 우리집으로 초대할께. 왜냐하면 오늘은 내 생일이야.

8) luego(그래서)

Pienso, luego existo. 나는 생각한다, 고로 나는 존재한다.

9) por lo tanto, por eso, por consiguiente (그런 이유로)

Amé mucho a María, por lo tanto le pedí la mano. 나는 마리
아를 무척 사랑하였다. 그래서 그녀에게 청혼을 하였다.

10) en cuanto/apenas/luego que/tan pronto como(ㅡ하자마자)

En cuanto salió a la calle, llovió. 거리로 나가자마자 비가
내렸다.

En cuanto le vea, le saluda a él. 그를 보자마자 나는 그에게
인사를 할 것이다.

11) según(ㅡ에 의하면)

Según mi opinión, María tiene razón. 내 생각에 의하면 마
리아 말이 옳다.

Según el médico voy a descansar un poco.
의사 말에 따라서 나는 좀 쉬려고 합니다.

12) tan(tanto)...que (결과절로써 '...해서 ...하다'라고 해석)

Había tanta gente que no pudimos encontrar.
사람들이 너무 많아서 우리는 찾을 수가 없었다.

Llegamos tan tarde, que no pudimos verle.

우리는 너무 늦게 도착해서 그를 볼 수가 없었다.

문 장 연 습

1. **El padre le habló en voz baja para que nadie pudiera oírlo.**
아버지는 아무도 듣지 못하도록 낮은 목소리로 말했다.

   No te oigo bien. Háblame en voz alta. 네 말이 잘 들리지 않아.
내게 크게 말해 줘.

2. **Yo le dije a Juan que volviera a casa cuanto antes.** 가능한 한
빨리 돌아오라고 후안에게 말했다.

3. **Yo soy representante de la compañía coreana que fabrica juguetes y máquinas de escribir.** 나는 장남감과 타자기를 만드는
한국 회사의 대표입니다.

   Yo soy alumno de la Universidad Hankuk de Estudios Extranjeros. 나는 한국 외국어대학교 학생입니다.

4. **Dígale a Juan que vaya a casa del profesor Park.** 후안에게 박
교수님 댁으로 가라고 말해 주어라.

❖ 필수회화 ❖

❶ 한국의 지리적 위치와 기후를 소개할 때

- **Corea está situada en el Extremo Oriente y su territorio se extiende de los 33 a los 43 grados de latitud norte.**
  한국은 극동에 위치하고 있으며 그 영토는 북위 33도 에서 43도에까지 걸쳐 있다.
- **El clima de Corea es muy variado y tiene cuatro estaciones.**
  한국의 기후는 매우 다양하며 4계절을 가지고 있다.
- **Corea está rodeada del mar en tres partes y tiene muchas montañas.** 한국은 3면이 바다로 둘러싸여 있으며 많은 산악 지대로 되어 있다.
- **Corea tiene hermosos paisajes de montañas y de costas.** 한국은 수려한 산과 해안의 풍경을 가지고 있다.

❷ 한국의 인구와 면적을 말할 때

- **Corea tiene unos 220.000 kilómetros cuadrados de superficie y más de 60 millones de habitantes. La población es**

tan densa que mucha gente va al extranjero como emigrantes.

한국은 222,000 평방 킬로미터의 면적과 6천만 이상의 인구를 가지고 있다. 그 인구 밀도가 너무 높아서 많은 사람들이 외국으로 이민을 나간다.

❸ 한국의 산업 발전을 말할 때 ▐▊▊▊▊▊▊▊▊▊▊▊▊▊▊▊▊

- **La industria coreana está muy desarrollada.** 한국의 산업은 매우 발달하였다.

- **Corea exporta a casi todos los países del mundo automóviles, textiles, productos electrónicos, etc.** 한국은 전 세계 거의 모든 국가에 자동차와 섬유, 전자 제품 등을 수출한다.

- **Hoy día en las grandes ciudades del mundo podemos encontrar productos coreanos.** 오늘날 세계의 여러 대도시들에서 우리는 한국 제품들을 발견할 수 있다.

- **Muchos extranjeros hablan todavía de los Juegos Olímpicos de Seúl de 1988.** 많은 외국인들이 아직도 1988년의 서울 올림픽에 대해 이야기한다.

- **Nosotros estamos orgullosos de ser coreanos.** 우리는 한국 사람임을 자랑스러워 한다.

❖ 연습문제 ❖

A. 다음을 부정 명령으로 고치시오.

1. **Sal de aquí.**

2. **Vete ahora.**

3. **Sed médicos.**

4. **Tomen leche.**

B. 스페인어로 옮기시오.

1. 사실은 저도 그와 똑같은 생각을 가지고 있습니다.

2. 버스 정류장에서 젊은이가 나에게 다가와서 몇 시냐고 물었다.

3. 나는 시력이 나쁘기 때문에 그를 발견할 수 없었다.

해   답

A. 1. No salgas de aquí.

2. No te vayas ahora.

3. No seáis médicos.

4. No tomen leche.

B. 1. La verdad es que tengo la misma opinión que él.

2. En la parada un joven se me acercó y me preguntó qué hora era.

3. Como yo era un poco corta de vista, no pude encontrarle.

▼ 마드리드 시내의 시벨레스 광장

필수단어

ㄱ

가게 (la) tienda

가격 (el) precio

가구 (el) mueble

가까이에 cerca de

가끔 de vez en cuando, a veces

가난한 pobre

가난한 사람 (el) pobre

가능한 posible

가다 ir (se)

가로 (la) calle

가르치다 enseñar

가리키다 señalar

가방 (la) cartera, bolsa

가솔린 (la) gasolina

가슴 (el) corazón

가엾다 es lástima

가을 (el) otoño

가을에 en (el) otoño

가위 (las) tijeras

가정 (la) familia

가져가다 llevar

가져오다 traer

가족 (la) familia

가죽 (la) cuero

가지다 tener, poseer

가짜의 falso (-sa)

각각의 cada uno

간 (el) hígado

간단한 sencillo, simple

간밤에 anoche

간식 (la) merienda

간접적으로 indirectamente

간첩 (el, la) espía

간호사 (la) enfermera

갈아타다 cambiar de

감각 (el) sentido

감독 (el) director

감사하다 dar gracias

감사합니다 muchas gracias

감소하다 disminuir

감자 (la) patata

갑자기 de repente

값 (el) precio

갓난아이 bebé, nene

강 (el) río

강대국 grandes potencias

강한 fuerte

개 (el) perro

개구리 (la) rana

개발하다 desarrollar

개방하다 abrir la puerta

개최하다 celebrar

개혁 (la) reforma

거기에 ahí

거스름돈 (el) cambio

거울 (el) espejo

거인 (el) gigante

걱정하다 preocuparse

건강 (la) salud

건물 (el) edificio

건조한 seco (-ca)

검은 negro (-ra)

겁장이 cobarde

게으른 perezoso

겨우 apenas

겨울 (el) invierno

겨울에 en (el) invierno

겨울내내 todo el invierno

겨울방학 las vacaciones de invierno

견본 (la) muestra

견해 (la) opinión

결과 (el) resultado

결국에 por fin

결석 ausente

결승전 (la) final

결정하다 decidir

결혼하다 casarse

결혼식 (las) bodas

경기 (el) juego

경비원 (el) guardia

경쟁하다 competir

경제 (la) economía

경찰 (la) policía

경찰서 (la) comisaría

경치 (el) paisaje

경험 (la) experiencia

계약하다 hacer un contrato

계획 (el) plan

고기 (la) carne

고속도로 (la) autopista

고양이 (el) gato

고의적으로 con intención

고향 (el) pueblo natal

　　　(la) tierra natal

곧 en seguida,

　　inmediatamente

공무원 (el) funcionario

공부하다 estudiar

공원 (el) parque

공장 (la) fábrica

공책 (el) cuaderno

공휴일 (la) fiesta

공해 (la) contaminación

공화국 (la) república

과일 (la) fruta

과일가게 (la) frutería

과제 (la) tarea

관광 (el) turismo

관광객 (el) turista

광장 (la) plaza

교사 (el) maestro

교실 (la) clase

교외에 en las afueras

교육 (la) educación

교환하다 cambiar

　　　　intercambiar

교황 (el) Papa, el Pontífice

교회 (la) iglesia

구두 (los) zapatos

구월에 en septiembre

구입하다 comprar

국가 (el) país, (la) nación

국경일 (la) fiesta nacional

국기 (la) bandera nacional

국립의 nacional

국민 (el) pueblo

국민학교 (la) escuela primaria

국수 (el) fideo (la) pasta

국왕　(el) rey

국회　(el) Congreso (美)

　　　(el) Parlamento (英)

　　　(las) Cortes (스페인)

　　　(la) Asamblea Nacional (한국)

군대　(el) ejército

군인　(el) militar　(el) soldado

권투　(el) boxeo

귀　(la) oreja

귀걸이　(el) pendiente

귀여운　simpático (-ca)

귤　(la) mandarina

그남자　él

그여자　ella

극장　(el) cine

금년　este año

금연　Se prohíbe fumar.

금요일　(el) viernes

기다리다　esperar

기뻐하다　alegrarse de~

기억하다　recordar

기온　(la) temperatura

기차　(el) tren

기차로 가다　ir en tren

기회　(la) oportunidad

기후　(el) clima

긴　largo (-ga)

길　(el) camino

껌　(el) chicle

꽃　(la) flor

꿈　(el) sueño

끝　(el) fin

ㄴ

나　yo

나라　(el) país

나비　(la) mariposa

나이프　(el) cuchillo

나쁜　malo (-la)

남자　(el) hombre

남쪽　(el) sur

남편　(el) marido

　　　(el) esposo

낮　(el) día

낮에 de día

낮은 bajo (-ja)

내일 mañana

냅킨 (la) servilleta

냉장고 (el) frigorífico

너 tú

넓은 ancho (-cha)

네 시에 a las cuatro

넥타이 (la) corbata

노래 (la) canción

노래하다 cantar

높은 alto (-ta)

놓다 poner (~el libro sobre

la mesa)

누구 quién

누나 hermana mayor

눈(目) (el) ojo

눈(雪) (la) nieve

눈썹 (la) pestaña

뉴스 (la) noticia

늙은 viejo, anciano (-na)

늙은이 (el) viejo (el) anciano

늦은 tarde

ㄷ

다리 (la) pierna

다방 (la) cafetería

다섯 시에 a las cinco

다음 달에 el mes próximo

다음에 próximo (-ma)

단어 (la) palabra

달 (el) mes

달걀 (el) huevo

달력 (el) calendario

닭고기 (la) carne de pollo

담배 (el) cigarrillo

당신과 함께 contigo,

con usted

당신 usted (Ud. Vd.)

대답하다 contestar

대사관 (la) embajada

대학교 (la) universidad

대학생 (el) universitario

대한민국 la República de Corea

덥다 hace calor

도시 (la) ciudad

도시사람 (el) ciudadano

도착하다 llegar

동료 (el) compañero

동생 (el) hermano menor

동지 (el, la) camarada

동쪽에 en el este

되돌려주다 devolver

되찾다 recuperar

돼지고기 (la) carne de cerdo

뒤에 detrás de

드물게 raramente

듣다 oír, escuchar

들판 (el) campo

디저트 (el) postre

따뜻한 templado (−da)

딸 (la) hija

딸기 (la) fresa

때문에 porque, debido a〜

때리다 pegar

떠나다 salir, partir

ㄹ

라디오 (la) radio

라이벌 (el) rival

라이타 (el) encendedor
　　　　(el) mechero

라틴 아메리카 (la) América
　　　　　　　　Latina

레스토랑 (el) restaurante

레코드 (el) disco

로스구이 (la) carne asada

로봇 (el) robot

리포터 (el) reportero

러시아어 (el) ruso

ㅁ

마늘 (el) ajo

마라톤 (el) maratón

마시다 beber

만나다 encontrar a

만족하다 estar contento

많은 mucho

말 (el) caballo

말하다 hablar, decir

매우 muy

매력적인 encantador

매우 아름다운(女) muy guapa

매우 아름다운(男) muy guapo

매점 (la) tienda

맥주 (la) cerveza

머리 (la) cabeza

머리카락 (el) cabello

먹다 comer

멀다 estar lejos de

멀리에 lejos de

명함 (el) recado

모스코바 Moscú

모임 (la) reunión

목 (el) cuello

목걸이 (el) collar

목요일에 el jueves

목요일마다 los jueves

무거운 pesado (−da)

무서워하다 temer

무엇 qué

무용가 (el) bailarín

무우 (el) rábano

무지개 (el) arco iris

문 (la) puerta

문학 (la) literatura

물 (el) agua

물건 (la) cosa

물론 ¿Cómo no?

　　　 Por supuesto

미국 los Estados Unidos

미국사람 estadounidense

　　　　 norteamericano

미래에 en el futuro

미소짓다 sonreír

미술관 el museo de bellas artes

미용실 (la) peluquería

미인 (la) bella

ㅂ

바나나 (el) plátano

바다 (el, la) mar

바라보다 mirar

바이올린 (el) violín

바지 (los) pantalones

박물관 (el) museo

반기다 acoger

반지 (el) anillo

발 (el) pie

발견하다 descubrir

발코니 (el) balcón

밝은 brillante

밤 (la) noche

밤에 por la noche

밥 (el) arroz

방 (el) cuarto

(la) habitación

방석 (el) cojín

배(腹) (el) vientre

배(梨) (la) pera

배꼽 (el) ombligo

배우 (el) actor

배우다 aprender

백묵 (la) tiza

백화점 (los) almacenes

버스 (el) autobús

버스정류장 (la) parada del autobús

버터 (la) mantequilla

벌써 ya

벚꽃 (la) cereza

베개 (la) almohada

벤치 (el) banco

벽 (la) pared

변호사 (el) abogado

보다 ver, mirar

보도 (la) acera

보트 (el) barco

볼 (la) bola

봄에 en (la) primavera

볼링 (el) juego de los bolos

봉투 (el) sobre

부르다 llamar

부모 (los) padres

부엌 (la) cocina

부탁하다 pedir, rogar

북쪽에 en el norte

불(火)   (el) fuego

불고기   (la) carne asada

비   (la) lluvia

비누   (el) jabón

비싼   caro (—ra)

비프스테이크   (el) bistec

비행기   (el) avión

비행장   (la) pista de aterrizaje

빗   (el) peine

빨리   de prisa

빵   (el) pan

빵집   (la) panadería

人

사과   (la) manzana

사다   comprar

사람   (el) hombre

사랑하다   amar, querer

사랑   (el) amor

사물   (la) cosa

사월에   en abril

사자   (el) león

사장   (el) presidente

사진   (la) foto

사진기   (la) cámara

산보하다   pasear, dar un paseo

살다   vivir

삼월에   en marzo

상(賞)   (el) premio

상담   (la) consulta

상담하다   hacer consulta

상자   (la) caja

상점   (la) tienda

상품   (la) mercancía

새로운   nuevo

생각하다   pensar

생선   (el) pescado

생선구이   (el) pescado asado

생선회   (el) pescado crudo

샤워   (la) ducha

샤워하다   ducharse

서류   (el) documento

서울   Seúl

서쪽   el oeste

선글라스	(las) gafas de sol	소변보다	orinar
선물	(el) regalo	소스	(la) salsa
선물하다	regalar	소식	(la) noticia
선생님	(el) maestro	소풍	(la) excursión
	(el) señor	소풍가다	ir de excursión
선조	(los) antepasados	손	(la) mano
설탕	(el) azúcar	손가방	(la) cartera
성채	(la) fortaleza		(la) bolsa
세관	(la) aduana	손가락	(el) dedo
세관원	(el) aduanero	손녀	(la) nieta
세계	(el) mundo	손님	(el) invitado
세들다	alquilar	손수건	(el) pañuelo
세 시에	a las tres	손을 들다	levantar la mano
세탁기	(la) lavadora	손자	(el) nieto
소	(la) vaca	쇼핑가다	ir de compras
소금	(la) sal	수건	(la) toalla
소나무	(el) pino	수도(首都)	(la) capital
소녀	(la) muchacha	수돗물	(el) agua del grifo
소년	(el) muchacho	수박	(la) sandía
소련	la Unión Soviética	수업을 하다	tener clase
소련사람	(el) ruso	수영하다	nadar
소방수	(el) bombero	수영복	(el) traje de baño

(el) bañador

수요일 (el) miércoles

수요일마다 (los) miércoles

수표 (el) cheque

수프 (la) sopa

숙녀 (la) dama

숙제 (la) tarea

(el) trabajo

순서 (el) orden

숟가락 (la) cuchara

술 (el) licor

(la) bebida alcohólica

술병 (la) botella de licor

술집 (el) bar

(la) taberna

슈퍼마켓 (el) supermercado

스페인 (la) España

스페인사람 (el) español

스포츠 (el) deporte

스포츠맨 (el) deportista

스카프 (la) bufanda

스커트 (la) falda

스키 (el) esquí

스키를 타다 esquiar

스프 (la) sopa

슬리퍼 (la) zapatilla

시(市) (la) ciudad

시(詩) (el) poema

시간 (la) hora

시계 (el) reloj

시월에 en octubre

시험 (el) examen

식당 (el) comedor

식초 (el) vinagre

신문 (el) periódico, (el) diario

신문기자 (el, la) periodista

신사 (el) caballero

신사복 (el) traje de caballero

신호기 (el) semáforo

실업가 (el) hombre de negocios

심장 (el) corazón

십이월에 en diciembre

십일월에 en noviembre

쓰다 escribir

씻다 lavar (se)

ㅇ

아내 (la) esposa

아들 (el) hijo

아름다운 hermoso, bello, guapo,

bonito

아마 quizás

아버지 (el) padre

아시아 (el) Asia

아우 (el) hermano menor

아이 (el) niño

아침 (la) mañana

아침에 por la mañana

아침식사 (el) desayuno

아침식사를 하다 desayunar

아파트 (el) apartamento

(el) piso

아홉 nueve

안개 (la) niebla

안경 (las) gafas

안내자 (el, la) guía

안녕 Hola

안녕하세요 ¿ Cómo está?

안녕히 계세요 Adiós

안전벨트 (el) cinturón de segu-

ridad

앉다 sentarse

알다 conocer, saber

암탉 (la) gallina

야채 (la) legumbre

야채 샐러드 (la) ensalada

약국 (la) farmacia

약 (la) medicina

약간 un poco

약속하다 prometer

약속 (el) compromiso

약혼자 (el) novio

양념 (los) ingredientes

양말 (los) calcetines

양배추 (la) col

양산 (el) parasol

양파 (la) cebolla

양화점 (la) zapatería

어깨	(el) hombro		(la) fonda
어디에	dónde		(la) venta
어떠한	cierto	여섯 시에	a las seis
어떻게	cómo	여선생님	(la) maestra
어른	(el) adulto	여학생	(la) alumna
어린이	(el) niño	역	(la) estación
어머니	(la) madre, mamá	역사	(la) historia
어제	ayer	역시	también
어제저녁	anoche	연구	(la) investigación
언니	(la) hermana mayor	연습문제	(el) ejercicio
언어	(la) lengua	연주회	(el) concierto
언제	cuándo	연필	(el) lápiz
얼마입니까?	¿ Cuánto vale	연회	(el) banquete
	(cuesta)?	열	diez
얼굴	(la) cara	엽서	(la) tarjeta
얼음	(el) hielo	영국	(la) Gran Bretaña
엎드려 눕다	tumbarse		(el) Reino Unido
엔지니어	(el) ingeniero	영국사람	(el) inglés
엔진	(el) motor	영리한	inteligente
여름에	en (el) verano	영어로 말하다	hablar en inglés
여자	(la) mujer	영웅	(el) héroe
여관	(el) hostal	영화	(la) película

영화관 (el) cine	외투 (el) abrigo
영화관 입장권 (la) entrada de cine	왼쪽에 a la izquierda
옆에 ~al lado de	요구르트 (el) yogur
예를 들면 por ejemplo	요리사 (el) cocinero
예술가 (el, la) artista	요트 (el) yate
오늘 hoy	우리들 nosotros
오늘 아침 esta mañana	우유 (la) leche
오른쪽에 a la derecha	우편번호 (el) código postal
오른팔 (la) mano derecha	우표 (el) sello
오렌지 (la) naranja	(la) estampilla
오월에 en mayo	우체국 Correos
오후 (la) tarde	우편엽서 (la) tarjeta postal
오후에 por la tarde	운동 (el) deporte
오징어 (el) calamar	운전사 (el) chófer
올림픽 경기 los Juegos Olímpicos	울다 llorar
올림픽 선수촌 la villa olímpica	웃다 sonreír, reír
올림픽 공원 el parque olímpico	원하다 desear
올림픽 경기장 el estadio olímpico	월급 (el) sueldo
옷 (el) traje (el) vestido	월요일 (el) lunes
와이셔츠 (la) camisa	웨이터 (el) camarero
왜 ¿ por qué?	위 (el) estómago
외국인 (el) extranjero	위스키 (el) whisky

유명한 famoso (-sa)

유럽 (la) Europa

유럽인 (el) europeo

유리 (el) vidrio

유머 (el) humor

음악 (la) canción

음악가 (el) músico

의사 (el) médico

의자 (la) silla

이(齒) (el) diente

이월에 en febrero

이발사 (el) barbero

(el) peluquero

일곱 siete

일본 (el) Japón

일본사람 (el) japonés

일어나다 levantarse

일요일 el domingo

일요일마다 los domingos

일월에 en enero

일하다 trabajar

읽다 leer

입(口) (la) boca

입구 (la) entrada

있다 hay, estar

ス

자다 dormir

자동차 (el) coche

(el) automóvil

자동판매기

(la) máquina vendedora

자매 (la) hermana

자손 (el) descendiente

자식 (el) hijo

자전거 (la) bicicleta

자주 a menudo

작가 (el) escritor

작은 pequeño (-ña)

작은 소리로 en voz baja

잔디 (el) césped

잠깐만 un momento, un rato

잠옷 (el) pijama

잡다 coger

잡지	(la) revista	점원	(el) dependiente
장농	(el) armario	접시	(el) plato
장마철	(el) período de lluvia	젓가락	(el) palillo
장사	(la) venta	정돈하다	arreglar
장소	(el) lugar	정말이다	es verdad
재떨이	(el) cenicero	정원	(el) jardín
재미있는	interesante	정치	(la) política
재미있다	interesarse	정치가	(el) político
저고리	(la) chaqueta	젖가슴	(la) teta
저기에	allí, allá	제발	por favor
저녁	(la) noche	조개	(la) concha
저녁에	por la noche	조국	(la) patria
저녁식사	(la) cena	조금	un poco
저녁식사를 하다	cenar	조부	(el) abuelo
적	(el) enemigo	조용히	¡Silencio !
전보	(el) telégrafo	조용히하다	callarse
전시회	(la) exposición	조카	(el) sobrino
전시하다	exhibir	존재하다	existir
전차	(el) tranvía	좌석	(el) asiento
젊은이	(el, la) joven	종이	(el) papel
점심	(el) almuerzo	종합병원	(la) clínica
점심을 먹다	almorzar		(el) hospital

좋다 bueno, bien

주(週) (la) semana

주다 dar

주소 (las) señas, (la) dirección

주의하다 tener cuidado

주차장 (el) aparcamiento

쥬스 (el) zumo

지금 ahora

지금 당장 ahora mismo

지난 해에 el año pasado

지도 (el) mapa

지배인 (el) gerente

지붕 (el) techo

지폐 (el) billete

지하철 (el) metro

진달래 (la) azalea

직원 (el) empleado

질문하다 preguntar

질서 (el) orden

집 (la) casa

집주인 (el) dueño

　　　 (el) ama de casa (女)

집에서 en casa

ㅊ

차고 (el) garaje

차도 (la) carretera

차림표 (el) menú

차표 (el) billete

　　　 (el) boleto

참외 (el) melón

창문 (la) ventana

찻잔 (la) taza

책 (el) libro

책상 (la) mesa

책상서랍 (el) cajón

책장 (la) estantería

처 (la) esposa

천막 (la) tienda

천만에요 de nada

천천히 despacio

체육 (la) gimnástica

체조 (la) gimnasia

체육관 (el) gimnasio

쳐다보다 mirar, ver

초콜릿 (el) chocolate

추위하다 tener frío

춥다(기후) hace frío

출생하다 nacer

춤 (el) baile

　　(la) danza

추잉검 (el) chicle

축구 (el) fútbol

출구 (la) salida

치과의사 (el) dentista

　　　(el) odontólogo

치마 (la) falda

칫솔 (el) cepillo de dientes

친구 (el) amigo

친절한 amable

친절 (la) amabilidad

칠월에 en julio

칠판 (la) pizarra

침대 (la) cama

침대보 (la) sábana

ㅋ

카운터 (la) caja

카운터 보는사람 (el) cajero

칼 (el) cuchillo

　　(la) espada

칵테일 (el) cóctel

캐러멜 (el) caramelo

카바레 (el) cabaret

커튼 (la) cortina

커피 (el) café

컵 (la) taza, (la) copa

　　(el) vaso

코 (la) nariz

코치 (el) entrenador

콜라 coca-cola

콧수염 (el) bigote

쿠숀 (el) cojín

쿠키 (la) galleta

크게 말하다 hablar en voz alta

큰 grande

큰거리 (el) bulevar

큰소리로 en voz alta

ㅌ

타이어 (el) neumático

타자기 (la) máquina de escribir

탁구 (el) tenis de mesa

탁상시계 (el) despertador

태양 (el) sol

태어나다 nacer

택시 (el) taxi

탤런트 (el) actor

텔레비죤 (la) televisión

텔레비죤 수상기 (el) televisor

칼라 T.V (~en color)

테이블 (la) mesa

테이프 (la) cinta

토요일 (el) sábado

토요일마다 (los) sábados

토하다 vomitar

통닭 el pollo asado

특히 especialmente

티셔츠 (la) camiseta

ㅍ

파란 azul

파리 (el) París

파인애플 (la) piña

파일럿 (el) piloto

파출소 (la) comisaría

팔다 vender

팔월에 en agosto

팔 (el) brazo

팔꿈치 (el) codo

팔찌 (la) pulsera

팬티 (el) calzoncillo

편지 (la) carta

포도 (la) uva

포도주 (el) vino

el vino rojo (=el tinto)

el vino blanco

포크 (el) tenedor

표 (el) billete, (la) entrada

푸줏간 (la) carnicería

프라이팬 (la) sartén

프랑스 (la) Francia

프랑스사람 (el) francés

피아노 (el) piano

피아니스트 (el) pianista

ㅎ

하고 싶다 desear

하나 uno (una)

하느님 (el) Dios

하늘 (el) cielo

하루종일 todo el día

하마터면 por poco

학과(學科) (el) departamento

학과(學課) (la) lección

학교 (la) escuela

학급 (la) clase

학문 (la) ciencia

학생 (el) alumno

(el) estudiante

한국 (la) Corea

한국사람 (el) coreano

핸드백 (la) bolsa

할머니 (la) abuela

할아버지 (el) abuelo

함께 junto

항공 (la) aviación

항공으로 vía aérea, por avión

항구 (el) puerto

항상 siempre

향수 (el) perfume

해(年) (el) año

해군 (la) armada, (la) marina

해결하다 solucionar, resolver

허리 (la) cadera

허리띠 (el) cinturón

허락하다 permitir

헬리콥터 (el) helicóptero

현대의 moderno (-na)

현대인 (el) moderno

협의하다 hacer consulta

형 (el) hermano mayor

호랑이 (el) tigre

호박 (la) calabaza

홍차 (el) té

화가　(el) pintor

화내다　enfadarse

　　　　enojarse

화단　(el) jardín

화요일　(el) martes

화요일마다　los martes

화장품　(el) cosmético

횡단보도　(el) paso de peatones

훌륭한　excelente

휴식하다　descansar

흥미있는　interesante

TEST 1

Elige la respuesta correcta

1. Dígame __ nombre.
   a) tu
   b) su
   c) la
   d) vuestro

2. ¿__ dónde eres?
   a) en
   b) a
   c) de
   d) por

3. Manolo __ cae mal, no __ aguanto.
   a) me ... lo
   b) te ... lo
   c) se ... lo
   d) él ... le

4. No estoy __ acuerdo __ él.
   a) con ... de
   b) en ... con
   c) de ... con
   d) de ... para

5. A. ¿Tienes que __ la compra todos los días? B. Yo, __ hago los fines de semana.
   a) hagas ... la
   b) hacer ... le
   c) hacer ... la
   d) haces ... la

6. No __ esa botella, me parece que el vino no __ bueno.
   a) abras ... está
   b) abre ... está
   c) compres ... sea
   d) compras ... es

7. ¿A qué __ dedica?
   a) él
   b) se
   c) te
   d) ella

8. ¿Cuánto tiempo __ trabajando en esta empresa?
   a) estás
   b) has
   c) llevas
   d) era

9. Nos __ que tiene razón. Estamos de acuerdo __ ella.
   a) parece ... con
   b) parece ... a
   c) parecen ... con
   d) parece ... de

10. Pepe está de malhumor, pero yo no tengo __.
    a) razón
    b) la culpa
    c) buen carácter
    d) trabajo

11. No hace falta que __ el banco, pero __ el periódico.
   a) ve ... compra
   b) ven ... compras
   c) vayas ... compra
   d) vayas ... compres

12. Es necesario __ los deberes a diario, pero hoy es sábado y no tienes que hacer __.
   a) haces ... los
   b) hacer ... los
   c) hagas ... los
   d) hacer ... les

13. Su mujer murió el año pasado. Está __.
   a) separado
   b) viudo
   c) soltero
   d) casado

14. Tiene muy __ carácter, siempre __ contento.
   a) mal ... es
   b) buen ... está
   c) buen ... es
   d) divertido ... está

15. Los niños no me gustan __.
   a) poco
   b) muchos
   c) algunos
   d) nada

16. ¿Dónde __ este verano?
   a) habías estado
   b) has estado
   c) estuviste
   d) estarías

17. __ parece que __ enfadado. No me habla.
   a) me ... está
   b) le ... es
   c) te ... sea
   d) te ... está

18. La película de anoche fue muy __. Nos reímos mucho.
   a) amable
   b) aburrida
   c) divertida
   d) cariñosa

19. En 1990, Octavio Paz __ el Premio Nobel de Literatura.
   a) ha ganado
   b) ganó
   c) ganaba
   d) gané

20. No hace falta __ los tomates para __ gazpacho.
   a) pelar ... hacer
   b) peles ... hagas
   c) peles ... hacer
   d) pelar ... hago

TEST 2

Elige la respuesta correcta

1. No sé ir a tu casa. ¿Cómo __ va?
   a) yo   b) él
   c) se   d) tú

2. A. ¿Está muy lejos la frontera francesa? B. No sé, __ a unos 15 Kms.
   a) está   b) estará
   c) estaría   d) será

3. Voy a llamar a Antonio, a lo mejor ya __.
   a) llega   b) llegará
   c) había llegado   d) ha llegado

4. El jefe me dijo ayer que me __ hoy a las 7.
   a) llamaría   b) llamará
   c) había llamado   d) ha llamado

5. Andrés les dijo a sus padres que con el dinero que le __ en la lotería, se __ una moto.
   a) toca ... compraría   b) ha tocado ... iba a comprar
   c) había tocado ... iba a comprar   d) tocará ... ha comprado

6. Tiene mala cara. Está __.
   a) de mal humor   b) enfermo
   c) preocupado   d) enfadado

7. Allí hay mucha gente. ¿Qué __?
   a) pasó   b) habrá pasado
   c) pasaría   d) había pasado

8. Mañana vamos de excursión. ¡Ojalá __ buen tiempo!
   a) haga   b) hará
   c) sea   d) haz

9. __ recto, la farmacia está __ la calle.
   a) siga ... al final de   b) tuerza ... a la derecha de
   c) gire ... al final de   d) siga ... frente a

10. A. ¿Sabes __ ha llegado el paquete? B. No, no __ sé.

a) que ... le   b) si ... me
c) si ... lo   d) si ... yo

11. ¿Te has enterado __ tengo un trabajo nuevo?
    a) de que   b) que de
    c) si   d) ya

12. Cuando decimos que alguien tiene mucha fiebre, es que tiene __.
    a) dolor de cabeza   b) dolor de muelas
    c) una pierna rota   d) temperatura alta

13. Es conveniente que __ al dentista dos veces al año.
    a) irás   b) vas
    c) vayas   d) fuera

14. Cuando llegué a tu casa, ya te __.
    a) fuiste   b) habías ido
    c) has ido   d) irás

15. El próximo verano quizás __ a Perú.
    a) vayamos   b) hemos ido
    c) iríamos   d) vamos

16. Le duele mucho la garganta. Tiene __.
    a) pulmonía   b) reuma
    c) diarrea   d) anginas

17. Le dije al profesor que, antes, muchos días __ tarde, porque __ muy lejos.
    a) llego ... vivo   b) llegaré ... viviría
    c) llegaba ... vivía   d) he llegado ... vivía

18. ¿Sabes __ ha llegado David? Tengo que ver __.
    a) que ... lo   b) si ... lo
    c) no ... lo   d) no ... le

19. A. ¿Cómo voy a tu casa?   B. Ven __.
    a) con taxi   b) por metro
    c) de pie   d) en autobús

20. A. ¿Sabes que me he comprado un coche deportivo?
    B. Sí, __.
    a) ya la sabría   b) ya me enteraré
    c) ya me he enterado   d) ya lo he sabido

TEST 3

1. En esta tienda __ de todo.
   a) vende
   b) venden
   c) vendo
   d) vendan
2. Este año el número de alumnos es __ que el año pasado.
   a) mayor
   b) más grande
   c) más numeroso
   d) mejor
3. Necesitamos una casa que __ en el centro.
   a) está
   b) sea
   c) estará
   d) esté
4. ¡Qué raro que no __ ya! Es muy puntual.
   a) llegue
   b) haya llegado
   c) llega
   d) llegaba
5. Cuando __ comprarme ropa, __ a unos grandes almacenes.
   a) necesitaré ... voy
   b) necesitaré ... iré
   c) necesité ... he ido
   d) necesito ... voy
6. ¡Este hotel es malísimo! __
   a) ¡No está bien!
   b) ¡Ya está bien!
   c) ¡Está demasiado caro!
   d) ¡No puede ser que es tan malo!
7. ¿Qué tengo que hacer cuando __ a la estación el domingo?
   a) llego
   b) llegue
   c) llegaré
   d) he llegado
8. Este año a lo mejor __ en griego.
   a) me matriculo
   b) estudio
   c) he matriculado
   d) matricule
9. Me extraña que __ mucho. Es muy vago.
   a) trabaja
   b) trabajará
   c) trabaje
   d) se trabaje
10. Estas casas se __ a finales del año pasado.
    a) construyó
    b) construye
    c) construyeron
    d) han construido

11. A. ¿A qué está malo este gazpacho? B. Malo no, ¡está __!
   a) peor   b) muy mal
   c) malísimo   d) regular
12. Miren, señores, desde aquí __ ve un hermoso paisaje.
   a) se   b) él
   c) Vd.   d) alguno
13. ¿Qué países visitaste cuando __ en Europa?
   a) fuiste   b) estuviste
   c) has estado   d) has ido
14. Espero que se __ en la excursión de mañana.
   a) diviertan   b) divierten
   c) divertirán   d) hayan divertido
15. «Mi hermano es menor que yo» es lo mismo que decir que:
   a) Mi hermano es más bajo
   b) Mi hermano es más joven
   c) Mi hermano es menos alto
   d) Mi hermano es menos inteligente.
16. Esta casa es __ la mía.
   a) tan como   b) tan grande que
   c) mejor que   d) más peor que
17. ¿Quién es el autor?
   a) El de verdes   b) El que está hablando
   c) El que pantalón negro   d) El que sombrero
18. A. ¿Le gusta este abrigo?   B. No, quiero uno que __ más
   moderno.
   a) sea   b) esté
   c) será   d) sería
19. ¡Qué paisaje tan bonito! ¡Qué pena que __ lloviendo!
   a) es   b) sea
   c) está   d) esté
20. ¿Está incluída la cena en el precio del viaje?
   a) No, gracias   b) Sí, hay que pagarla
                                       aparte
   c) No, hay que pagarla   d) No, es libre
      aparte

TEST 4

1. Si ___ antes te dejarían salir del trabajo a las 7.
   a) veniras
   b) vinieras
   c) vienes
   d) vendrías

2. Creo que esta tarde ___.
   a) va a llover
   b) llovía
   c) llueve
   d) llovería

3. Se busca a la persona ___ ha encontrado unas gafas.
   a) con que
   b) quien
   c) a la cual
   d) que

4. Me ___ qué estarán haciendo ahora.
   a) supone
   b) satisfecho
   c) digo
   d) pregunto

5. Me gusta que me ___ para decirme lo que pasa.
   a) llamaría
   b) llamas
   c) llamaras
   d) llames

6. Creo que es un hombre muy ___ de sí mismo.
   a) ambicioso
   b) posible
   c) seguro
   d) capaz

7. El año pasado ___ un viaje a Moscú. Hacía mucho frío.
   a) hacimos
   b) haremos
   c) hicimos
   d) hacemos

8. Mi madre no se ___ bien, creo que tiene fiebre.
   a) va
   b) parece
   c) está
   d) encuentra

9. Me dijo que ___ ir en cualquier momento.
   a) pudía
   b) pudiese
   c) podía
   d) pude

10. Me indicaron el autobús que ___ coger.
    a) debía
    b) debría
    c) debré
    d) debo

11. Sus amigos le decían que ___ bien en estudiar un poco más.
    a) haga   b) hará
    c) hace   d) haría

12. Si te preocupa ___ su salud, ¿ por qué no le escribes ?
    a) tan   b) tal
    c) tanta   d) tanto

13. Cuando vivía en Irún ___ ir al colegio en autobús.
    a) generalmente b) acababa
    c) suelo   d) solía

14. Prefiero que te ___ aquí para vigilar todo.
    a) quedas   b) quedéis
    c) quedes   d) quedarías

15. Te dejaré un poco ___ de tiempo para terminar el ejercicio.
    a) más   b) bastante
    c) mucho   d) menos

16. Me ___ dijeron ayer noche y no lo podía creer.
    a) los   b) le
    c) les   d) lo

17. Cuando entró en casa todos ___ comiendo.
    a) estaban   b) iban
    c) están   d) eran

18. Se dice que esta mañana ___ en unos grandes almacenes.
    a) han robado   b) roban
    c) robarían   d) robaban

19. Me preguntó que ___ para cenar esta noche.
    a) querría   b) he querido
    c) quiero   d) quería

20. Ella generalmente ___ peina el pelo como su madre.
    a) se   b) la
    c) te   d) me

TEST 5

1. ___ me dio mucha vergüenza cuando tuve que salir a escena.
   a) A ti
   b) A mí
   c) A él
   d) A me

2. El ___ ha dicho cuando salía de clase esta mañana.
   a) me te
   b) me le
   c) lo me
   d) me lo

3. Nosotros ___ salir esta tarde a las 7 para Burdeos.
   a) iremos
   b) tendremos
   c) tenemos
   d) vamos a

4. ¡ Ve ___ a comprar el pan !
   a) a tí
   b) tú
   c) te
   d) mí

5. ¿ ___ estás de tan mal humor esta mañana, Pedro ?
   a) Por que
   b) Porqué
   c) Porque
   d) Por qué

6. Mi primo Jerónimo ___ de casa cuando yo llegué.
   a) saldrá
   b) ha salido
   c) salió
   d) salía

7. Mientras tú ___ en la ducha, yo he hecho todos los ejercicios.
   a) estaría
   b) estabas
   c) habías estado
   d) estás

8. Antes la gente ___ más feliz que ahora.
   a) sería
   b) será
   c) era
   d) es

9. Todos ___ reunidos en la sala de estar cuando entré en la casa.
   a) estaban
   b) estáis
   c) estarán
   d) eran

10. ¿ ___ te has parado en esa esquina ?
    a) Porqué
    b) Por que

c) Porque   d) Por qué

11. No ha venido ___ no tenía casi tiempo.
    a) cuando   b) si
    c) ya   d) porque

12. ¡ ___ llegues pon la cena en el fuego!
    a) Entonces   b) Para
    c) Si   d) Cuando

13. ¿Dónde ___ unos ceniceros para la reunión de esta noche?
    a) parecen   b) son
    c) hay   d) están

14. En este jardín ___ bastantes jarrones con plantas.
    a) son   b) forman
    c) están   d) hay

15. Tu primo Jaime se ___ sin decir una sola palabra.
    a) dirigió   b) puso
    c) iba   d) fue

16. Esta mañana ___ en el médico con mi hermana.
    a) esté   b) estaré
    c) estuve   d) he estado

17. Esta mañana ___ caído la cartera en la calle.
    a) la me   b) se me ha
    c) me se   d) mi se

18. No ___ lo quiero enseñar todavía (a vosotros).
    a) me   b) te
    c) os   d) vos

19. (Nosotros) ___ a verte ayer pero no estabas.
    a) venimos   b) vinimos
    c) vendremos   d) vendríamos

20. María no ___ salir esta tarde porque tiene bastantes deberes.
    a) podría   b) poderá
    c) podrá   d) podía

TEST 6

Elige la respuesta correcta

1. A las 4 ___ a ir a una charla sobre técnicas de venta.
   a) tiene   b) está
   c) es   d) va

2. ¿ ___ te has quedado en casa toda la tarde ?
   a) Porqué   b) Por que
   c) Porque   d) Por qué

3. ___ a salir cuando llamaron a la puerta.
   a) Iré   b) Había ido
   c) Iba   d) Voy

4. En 1970 el Sr. Martínez ___ todavía director de la fábrica.
   a) ha sido   b) sería
   c) era   d) es

5. Cuando entré en clase. ___ todos hablando.
   a) han estado   b) están
   c) estaban   d) había

6. Me pareció que ___ tu primo el chico que ha pasado en coche.
   a) es   b) era
   c) sería   d) ha sido

7. ___ a salir cuando llegó mi madre con la noticia.
   a) Iba   b) Salía
   c) He ido   d) Voy

8. Donde ahora ___ un supermercado, antes ___ una lechería.
   a) es...tenía   b) hay...había
   c) hay...parecía   d) había...hay

9. ___ tanta gente que no se veía el coche accidentado.
   a) Sucedía   b) Había
   c) Ha   d) Tenía

10. No vinimos ayer ___ teníamos que ir al dentista.

a) porqué   b) puesto
c) como   d) porque

11. ___ estudiar más si quieres aprobar este curso.
a) Debes   b) Vas
c) Tienes   d) Has

12. Mi madre está en la tienda. Me ___ que espere fuera un momento.
a) ha dicho   b) decía
c) dice   d) dijo

13. ___ mucho rato por la carretera hasta que paró un coche.
a) Andaría   b) Andó
c) Anduvo   d) Andará

14. No ___ decirte nada antes de saber la verdad.
a) tuvo   b) estuvo
c) quisiste   d) quiso

15. ___ unos regalos y luego se marchó al despacho.
a) Trae   b) Trayó
c) Traía   d) Trajo

16. ¿Cuánto tiempo llevas ___ ?
a) esperando   b) esperado
c) esperar   d) esperándose

17. Me temo que eso no ___ de tu incumbencia.
a) fuere   b) esté
c) sería   d) sea

18. Si le hubiera respondido eso se ___ mucho.
a) hubiera enfadado   b) habría enfadado
c) enfadaría   d) enfadase

19. ___ molesto por la comparación que hizo de él.
a) Se pone   b) Se agarró
c) Se estuvo   d) Se sintió

20. Creo que dijo eso ___ fastidiarte.
a) pues   b) en que
c) en   d) para

TEST 7

1. No sabía nada acerca del tema de debate por lo cual al hablar ___.
   a) puso el codo dentro   b) metió la pata
   c) puso la pata dentro   d) meneó el ojo

2. Estoy hasta ___ de hacer siempre el mismo trabajo.
   a) la coronilla   b) la cabeza
   c) las orejas   d) las cejas

3. Como no soportaba su risa afectada, lo mandó ___.
   a) a cocer espárragos   b) a freír espárragos
   c) a freír huevos   d) a cocer huevos

4. Al conocer la buena noticia ___.
   a) saltó de felicidad   b) saltó de alegría
   c) dio brincos de felicidad   d) botó de encanto

5. Tiene mucho dinero, ___.
   a) está empapelado   b) está pintado
   c) está forrado   d) está rebosante

6. Se casaron ayer y hoy se van para su ___.
   a) luna de miel   b) luna de mermelada
   c) luna de novios   d) luna dulce

7. ¡ Qué calor hace ! , ___.
   a) estoy frito   b) estoy asado
   c) estoy tiritando   d) estoy molido

8. Están ___, se van a casar dentro de dos semanas.
   a) prometidos   b) fianzados
   c) jurados   d) financiados

9. No digas tonterías, no me tomes ___.
   a) el cabello   b) las pierna
   c) el pelo   d) el brazo

10. Cuando le conocimos era muy tímida, pero ahora ___.
    a) las mata callando   b) las dá a escondidas
    c) lo hace callando   d) lo hace a escondidas

11. Es muy tímida parece ___.
   a) un moscón muerto   b) una mosca muerta
   c) una mosquita muerta d) una avispa muerta

12. Al oír aquel escalofriante grito, se me pusieron los ___.
   a) pelos de punta   b) cabellos en punta
   c) pelos de gallo   d) ojos abiertos

13. En cuanto le vio trató de ___.
   a) zafarse   b) colarse
   c) disimular   d) girarse

14. Cuando era pequeño y no sabía escribir hacía solamente ___.
   a) parabatos   b) garabatos
   c) chiribatos   d) carabatos

15. Lo veo muy pocas veces, ___.
   a) de mil en mil   b) de cien en viento
   c) de ciento en viento d) de mil en miento

16. No me gustan las lentejas, las como de ___.
   a) Navidad a Pascua   b) de Ramos a Pascuas
   c) de Pascuas a Ramos d) de Pascuas a Navidad

17. No aguanto más esta situación, esto es la gota que ___.
   a) ha colmado el vaso b) ha colmado el cubo
   c) se ha derramado   d) ha llenado el bote

18. Cuando le riñen, se pone hecho ___.
   a) una fiera   b) un peleón
   c) un tonto   d) un cariño

19. No por mucho madrugar, ___.
   a) amanece más temprano b) parece temprano
   c) llega el tiempo   d) aparece más pronto

20. El jefe ya estaba harto de él, por eso lo puso ___.
   a) en la acera   b) de patitas en la calle
   c) con las patas en el cemento d) en el borde de la calle

TEST 8

Elige la respuesta correcta

1. Al que madruga ____.
   a) Dios protege   b) Dios le ayuda
   c) le viene Dios   d) Dios le mira

2. Cuando le riñeron, como sabía que no tenía razón, no dijo ____.
   a) ni nada   b) ni pío
   c) ni patata   d) no papa

3. En el fondo le ____ que le digan piropos.
   a) le engaña   b) le pilla
   c) le chifla   d) le flaquece

4. Si no te casas antes de los treinta, te vas a quedar
   ____.
   a) para la romería   b) para vestir santos
   c) para los domingos d) para la viudedad

5. ¡ Menudo ____, no para de hablar !
   a) piraña   b) loro
   c) quisqui   d) vacile

6. El ganado fue robado por ____.
   a) cuatreros   b) roberos
   c) roncaleses   d) criminales

7. ¡ Vaya mujer ! siempre está diciendo chismes de todos, tiene ____.
   a) un limpia de barro   b) una boca limpia
   c) una lengua de víbora d) una lengua de trapo

8. Cuando oyó lo que decían de ella, casi le da ____.
   a) un tostón   b) un amago
   c) un meneo   d) un patatús

9. Los ____ fueron llamados a ____.
   a) testigos...a clarar   b) testigos...declarar
   c) atestados...declarar   d) atestados...clarar

10. Han ____ para encontrar ese viejo sombrero.

a) movido Santiago con Roma   b) removido Roma y Santiago
c) removido París con Roma   d) movido Roma con Santiago

11. La lana estaba preparada en ___ para ser tejida.
   a) el tejar   b) el telar
   c) la lanar   d) el lanar

12. En el zoo hay muchos ___ de animales
   a) chacorros   b) cachorros
   c) cacharros   d) chacarros

13. Los cepillos de dientes están hechos con ___.
   a) cedras   b) cedros
   c) cerdos   d) cerdas

14. Los coches tienen ___.
   a) palanca de cambios   b) marcha de cambios
   c) cambios de palanca   d) pala de marchas

15. Los ___ dieron una maravillosa fiesta.
   a) fitriones   b) infitriones
   c) infatriones   d) anfitriones

16. No seas ___, déjame en paz.
   a) hierro   b) acero
   c) sulfuroso   d) plomo

17. Es muy rápido, tan rápido como ___.
   a) un proyectil   b) un coche
   c) una bala   d) una avioneta

18. Los habitantes de Oviedo son llamados ___.
   a) oviedenses   b) ovedenses
   c) ovetenses   d) ovietenses

19. No usaba gafas pero usaba ___.
   a) lentillas   b) lentejillas
   c) lintillas   d) lentellas

20. La herida le estaba ___ continuamente.
   a) purando   b) supurando
   c) parando   d) pirando

TEST 정 답

TEST 1

1. b	2. c	3. a	4. c	5. c
6. a	7. b	8. c	9. a	10. b
11. c	12. b	13. b	14. b	15. d
16. b	17. a	18. c	19. b	20. a

TEST 2

1. c	2. b	3. d	4. a	5. c
6. b	7. b	8. a	9. a	10. c
11. a	12. a	13. c	14. b	15. a
16. d	17. c	18. b	19. d	20. c

TEST 3

1. b	2. a	3. d	4. b	5. d
6. b	7. b	8. a	9. c	10. c
11. c	12. a	13. b	14. a	15. b
16. c	17. b	18. a	19. d	20. c

TEST 4

1. b	2. a	3. d	4. d	5. c
6. c	7. c	8. d	9. c	10. a
11. d	12. d	13. d	14. c	15. a
16. d	17. a	18. a	19. d	20. a

TEST 5

1. b	2. d	3. d	4. b	5. d
6. d	7. b	8. c	9. a	10. d
11. d	12. d	13. c	14. d	15. d
16. d	17. b	18. c	19. b	20. c

TEST 6

1. d	2. d	3. c	4. c	5. c
6. b	7. a	8. b	9. b	10. d
11. a	12. a	13. c	14. d	15. d
16. a	17. d	18. b	19. d	20. d

TEST 7

1. b	2. a	3. b	4. b	5. c
6. a	7. b	8. a	9. c	10. a
11. c	12. a	13. a	14. b	15. c
16. c	17. a	18. a	19. a	20. b

TEST 8

1. b	2. b	3. c	4. b	5. b
6. a	7. c	8. d	9. b	10. b
11. b	12. b	13. d	14. a	15. d
16. d	17. c	18. c	19. a	20. b

▌약 력

저자 ㅣ朴哲

- 한국외국어대학교 서반아어과 및 同대학원 졸업
- 스페인 국립 마드리드대학교(문학박사)
- 미국 하바드대학교 로망스어학부 교환교수
- 스페인 문화훈장 기사장(Orden de Caballero) 받음
- 현재 : 한국외국어대학교 서반아어과 교수

  동대학 연구처장, 외국문학연구소장 역임
- 저서 : 「에스파냐어 Ⅰ·Ⅱ」(6차, 7차 고등학교 교과서-(주)진명출판사)

  「에스파냐어, 문법, 작문, 회화, 강독, 문화, 실무, 청해」

  (고등학교 국정교과서-2002년 교육인적자원부)

  「서반아 문학사」(상·중·하) (1994년 송산출판사)

  「세스뻬데스」: 한국 최초 방문 서구인 (1987년 서강대 출판부)

  「Testimonios literarios de la labor cultural de las

  misiones expanolas en el Extremo Oriente」

  (1986년 스페인 외무성 출간)
- 역서 : 「세르반테스의 모범 소설-집시 여인 외 5권」(오늘의 책)

  「한국 천주교 전래의 기원」(서강대 출판부)

  「스페인 역사 : 서한대역본」(삼영서관)

  「착한 성인 마누엘 : 우나무노」(1995년 한국외대 출판부)
- 논문 : 「비센떼 블라스꼬 이바네스가 본 한국」

  「16세기 서구인의 눈에 비친 한국」

  「로빼·데·베가의 작품에 나타난 일본」

  「세르반테스의 소설에 나타난 계몽주의적 페미니즘」

  「스페인 문학에 미친 아랍의 영향에 관한 연구」외 다수

독학 스페인어 첫걸음 2

초판 인쇄 | 1993년 06월 15일
18쇄 발행 | 2015년 08월 13일

저   자 | 박철
제   작 | 조경현
발 행 인 | 안광용
발 행 처 | ㈜진명출판사
등   록 | 제10-959호 (1994년 4월 4일)
주   소 | 서울특별시 마포구 동교동 165-8 LG팰리스빌딩 1601호
전   화 | 02) 3143-1336~7 / FAX 02) 3143-1053
홈페이지 | http://www.jinmyong.com
이 메 일 | book@jinmyong.com
마 케 팅 | 이애자, 조경현
인   쇄 | 본문-대정인쇄
제   책 | 정민문화   정가 12,000원

외국여행의 필수지침서
출국서류에서 영어회화까지 한 번에!
토마스의 여행영어회화

토마스 지음 l 김유진 옮김　　　　가격 10,000원

여행에서 경험할 수 있는 모든 영어회화를 한 권으로 담은 『여행영어회화』. 이 책은
광범위한 구문과 표현을 비롯하여 각 문화나 에티켓에 대한 유용한 팁들, 저자가 실
제로 경험했던 여행담을 수록하여 여행을 통해 새로운 자유를 발견하도록 이끌어준
다. 여행준비, 출입국, 교통, 호텔·호스텔, 음식 및 식당, 쇼핑, 전화·인터넷·ATM,
관광하기, 사람들 만나기, 긴급상황 및 질병, 귀국의 순서로 반드시 필요한 영어식 표
현들을 수록하여 영어에 대한 자신감을 심어준다.

ᐯᐰ (주)진명출판사

한국식 영어 오류의 올바른 표기
100여개의 실존하는 실수들로부터
문법을 쉽게 배우는 영어파파라치!

토마스와 앤더스 지음 | 김유진 옮김   가격 10,000원

한국인에게 가장 유용하고 적절한 방법으로 영어를 가르쳐주기 위해 '한국식 영어'로 잘못 표기된 공공연한 실수들을 가능한 많이 수집해 그 중에서 최고(또는 최악)의 실수들을 선별하여 담은 책이다. 광고문, 상점 쇼윈도우, 정부기관 홍보물이나 공공 안내문, 그리고 신문기사에 이르기까지, 이 책에 실린 100여개의 실수들은 실존하는 예로서 독자들이 실생활에서 접할 수 있는 문제구문에 현실적인 조언과 교정을 해줄 수 있다.

𝒱𝑴 (주)진명출판사

유창하게 **영어를 말하고 싶으세요?**
한두 단어에서 세 단어로만 이루어진
1-2-3 쉬운 생활영어

토마스와 앤더스 지음 | Carl Ahn 옮김   가격 10,000원

한두 단어 또는 세 단어로만 이루어진 쉽고 간편하지만, 일상생활에서 날마다 사용되고 있는 기억하기 쉽고, 공부하기 쉽고, 활용하기도 쉬운 구어체 실용 표현들만을 모아 만든 책이다. 이렇게 짧은 표현들이 얼마나 다양한 감정들을 나타내고 다양한 상황에서 활용될 수 있는지, 놀라울 정도로 유연한 활용성을 이 책을 통해 확인할 수 있을 것이다. 여러분은 보다 보편적이고, 자연스러우며, 살아 있는 영어를 할 수 있게 될 것이다.

iM (주)진명출판사

220만 독자의
미래를 변화시킨 **베스트셀러!**
누가 내 치즈를 옮겼을까?

스펜서 존슨 지음 | 이영진 옮김   가격 10,000원

『누가 내 치즈를 옮겼을까』는 짧은 우화를 통해 변화에 대한 심오한 진리를 전달하는 책이다. 실패를 무릅쓰고 얻어낸 경험이 담긴 작은 메모를 통해, 직장이나 인생에서 부딪히게 될 수많은 변화와 어려움을 현명하게 대처할 수 있는 지혜를 얻게 될 것이다.

iM (주)진명출판사